TECHNIQUES D'ASSURANCE AUTOMOBILE

Logiques Juridiques

Fondée par Gérard Marcou
Dirigée par Thomas Perroud

Le droit n'est pas seulement un savoir, il est d'abord un ensemble de rapports et pratiques que l'on rencontre dans presque toutes les formes de sociétés. C'est pourquoi il a toujours donné lieu à la fois à une littérature de juristes professionnels, produisant le savoir juridique, et à une littérature sur le droit, produite par des philosophes, des sociologues ou des économistes notamment.

Parce que le domaine du droit s'étend sans cesse et rend de plus en plus souvent nécessaire le recours au savoir juridique spécialisé, même dans des matières où il n'avait jadis qu'une importance secondaire, les ouvrages juridiques à caractère professionnel ou pédagogique dominent l'édition, et ils tendent à réduire la recherche en droit à sa seule dimension positive. À l'inverse de cette tendance, la collection « Logiques juridiques » des éditions L'Harmattan est ouverte à toutes les approches du droit. Tout en publiant aussi des ouvrages à vocation professionnelle ou pédagogique, elle se fixe avant tout pour but de contribuer à la publication et à la diffusion des recherches en droit, ainsi qu'au dialogue scientifique sur le droit. Comme son nom l'indique, elle se veut plurielle.

Dernières parutions

Alessio BELLI, *La citoyenneté sociale à la recherche d'un nouvel imaginaire normatif. L'héritage oublié*, 2025.
Ibrahima DIOR, *Le forum non conveniens et les injonctions anti-suit dans les arbitrages d'investissement des États africains*, 2025.
Laetitia DESMONS, *L'autonomie de l'ordre juridique de l'Union européenne sur la Cour de justice. Contribution à l'étude des fondements de la construction européenne*, 2025.
Boubacar EL IDE, *Influence du droit international des droits de l'homme sur le droit des investissements. L'économique au détriment du social ?* 2025.

Khaled Ouederni

TECHNIQUES D'ASSURANCE AUTOMOBILE

Cadre légal

Bonus malus

Responsabilité civile

Assurances facultatives

Accords spécifiques

Applications et exercices corrigés

L'Harmattan

Du même auteur :

Introduction à la finance islamique, Applications et exercices corrigés, Story éditions, 2024

5-7, rue de l'École-Polytechnique – 75005 Paris
www.editions-harmattan.fr
ISBN : 978-2-336-48277-4
EAN : 9782336482774

Liste des figures :

Liste des tableaux :

Sommaire :

Introduction Générale

Entre risquophobe et risquophile, « Hoax » et nonchalance, l'Homme « post-covidien » est en train de vivre des années inédites. En effet le monde actuel lui expose plus que jamais à des situations de plus en plus difficiles. Celles-ci créent chez lui un sentiment de faiblesse et un besoin de sécurité recrudescent contre les aléas de la vie : Perte de vie, accidents de la circulation, du travail, vols, pertes, incendies, émeutes, Tsunami, séisme, Covid 19, confinement, variante Delta, Omicron, pandémie, inondation…. Notre vie quotidienne est devenue synonyme de risque et d'aléas.

A ce stade, intervient l'assurance pour apaiser toutes ces tensions dans la mesure où elle est une industrie financière qui se consacre à la gestion du risque des agents économiques (particuliers et entreprises). Elle occupe deux fonctions essentielles : la couverture du risque proprement dite et le recyclage de l'épargne ainsi dégagée au sein de l'économie.

L'assurance, en général, apporte la sécurité pour l'assuré et le prépare à toute éventualité, en cas de survenue, d'une catastrophe ou d'un sinistre.

Le marché des assurances, est considéré, comme un agent économique, collectant des volumes considérables de capitaux pouvant être réinjectés, de nouveau, dans le financement de l'économie.

Le secteur de l'assurance dispose de nombreux outils pour gérer les risques tel que le traitement statistique des données, la mutualisation des risques, la diversification... Il participe ainsi doublement au développement d'un pays : grâce à cette maîtrise des risques, les individus et les institutions disposent d'une meilleure couverture face aux aléas de la vie ; la gestion de l'épargne dégagée par le versement des primes d'assurance contribue au financement de l'économie.

L'assurance, occupant le secteur tertiaire de l'économie, contribue à la sécurité de l'homme et de ses activités. Des sommes colossales d'argent sont cumulées par les compagnies d'assurance qui, jouant le rôle d'intermédiaires financiers, sont dans la capacité de faire des prêts aux agents ayant besoin de financements. Incompréhensible pour certains, complexes pour d'autres, l'assurance est devenue un élément vital dont le commun des Hommes ne peut plus se dépasser.

Assurance, police, sinistre, prime, des termes évoqués tout le temps, partout et par tout le monde et personne ne peut s'en passer. Le rôle de l'assurance, non seulement est d'indemniser les victimes de sinistres, mais aussi d'investir au sein des marchés financiers d'une économie moderne via les contrats à plus ou moins long terme. Le système des assurances, comme système financier, participe donc, à une redistribution des richesses au sein de l'économie.

L'assurance garantit plusieurs rôles dont on peut mentionner :

- **Le rôle social de l'assurance :**

Toute société humaine qui se veut pérenne doit s'attacher obligatoirement à la sécurité de ses membres. De ce fait, l'assurance est là pour remédier aux dégâts causés par de multiples sinistres, tel que les incendies, les sécheresses, les inondations, les séismes, les épidémies etc…

L'assurance doit également aider les personnes à améliorer leur cadre de vie, de même, elle doit porter assistance aux personnes malades ou accidentées ainsi qu'aux retraités par le biais du contrat d'assurance retraite. L'assurance est, par conséquent, un instrument efficace pour la prévention sociale dès lors qu'elle intervient pour porter secours à tous les niveaux, aux individus en cas d'atteinte à leur personne ou à leurs biens.

- **Le rôle économique de l'assurance :**

Dans toute la sphère économique, le secteur des assurances se voit, impliqué, profondément. C'est un organisme dont les ramifications se multiplient au point d'englober pratiquement toute la société. Son rôle va en s'agrandissant, vu, les sommes colossales drainées dans une variété de mécanismes socio-économiques.

- **L'assurance comme instrument de protection du patrimoine :**

La couverture des biens individuels ou nationaux ravagés par un sinistre quelconque est prise en charge par la société bienfaitrice qu'est le service des assurances. Ainsi, un particulier, se voit, indemnisé, pour son habitation détruite par un incendie ou une catastrophe naturelle. De même, un chef d'entreprise, sera dédommagé, afin de renouveler les moyens de production dans le cas où ils présentent des défaillances techniques ou autres

- **L'assurance comme outil de l'épargne :**

L'assurance joue un rôle d'un distributeur financier, en collectant, sous forme de primes, l'épargne des assurés qu'elle redistribue comme prestations aux sinistrés et aux autres bénéficiaires de contrats d'assurance. L'avantage de la procédure est que l'assureur accumule des fonds (réserves) volumineux et, souvent, un temps plus au moins long sépare la collecte des primes de la distribution des prestations. Cette situation, de décalage temporel des deux actions évoquées précédemment, peut être considérée, dans le jargon économique, comme étant une épargne destinée à faire face aux éventuels sinistres non encore survenus par la mobilisation de sommes considérables cumulées sous forme d'épargne, par les compagnies d'assurances lesquelles, les réinjectent dans des secteurs clés tels que l'éducation, la culture, etc…

En Tunisie ce secteur joue encore un rôle dérisoire en termes d'investissement et se concentre essentiellement sur la couverture de quelques risques. La législation tunisienne limite les risques assurables en Tunisie à 16 risques dont on va essayer de les découvrir dans le premier chapitre dédié majoritairement à l'aperçu historique et au cadre légal de l'assurance en Tunisie en analysant plusieurs extraits du code des assurances et quelques textes complémentaires à ce code ainsi que la règlementation fiscale du secteur et la définition des termes usuels.

Le deuxième chapitre sera consacré à la description du fonctionnement du système Bonus-Malus avec une analyse détaillée de la Circulaire du ministre des finances du 08 Mai 2019 et une série d'exercices d'illustrations.

La responsabilité civile va être mise en exergue dans le troisième chapitre avec ses aspects théoriques de définition et la Circulaire n°1/2017 du 28 février 2017 ainsi que ces aspects pratique sur les six types de la RCHT (Usage affaire ; Transport privé de marchandises ; Transport de marchandises pour des Tiers ; Usages agricoles ; Machines et tracteurs agricoles et les deux Roues (Motocyclette)) avec plusieurs applications et exercices corrigés.

Les assurances et les garanties facultatives feront l'objet du quatrième chapitre tel que la protection juridique ou assurance "Défense et recours", assurance « Vol », assurance « Incendie », assurance « Tierce » prévues par la convention de juin 2002 ainsi que les garanties hors convention tel que l'assurance « Bris de glace » ; assurance « Personnes Transportées » ; assurance « tous risques » ; assurance « assistance » ; assurance « frontière » avec plusieurs cas et application corrigés pour chaque garantie.

Le dernier chapitre va porter sur les accords spécifiques régies par la convention spécifique du 04 Juillet 2008 sur les motocycles destinés à la location et les motocycles, tricycles et Quads destinés à la location, l'utilisation personnelle et touristique et la convention spécifique du 08 Janvier 2007 sur le taxi, taxi touristique, louage et transport rural avec des applications corrigées pour les deux conventions.

CHAPITRE 1 : Présentation et cadre légal de l'assurance

SECTION I : Historique et termes usuels :

I. Repères historiques de l'assurance :

Les racines de l'assurance sont profondément éloignées dans l'histoire humaine. En effet depuis l'antiquité les germes d'une forme d'assurance où apparaissent des notions d'assistance et de secours mutuel ont été dénichés ici ou là par des historiens chevronnés dans quelques écrits anciens. Malgré les divergences de ces derniers, ils se sont mis unanime sur que cette histoire est scindée en deux moment clés plus précisément avant et après le 22 avril 1329 la date de la naissance de la première police d'assurance maritime connue.

Donc toute la période avant cette année charnière (1329) est répertoriée dans l'état embryonnaire de l'assurance appelée communément la Pre-assurance et celle après 1329 est appelée l'assurance moderne :

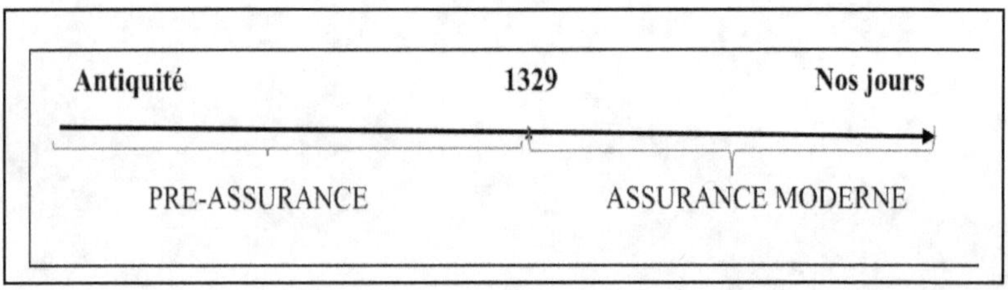

Figure 1 : Evolution chronologique de l'assurance (source : l'auteur)

1. La PRE-ASSURANCE :

Parmi les lois du Code d'Hammourabi gravées sur les pierres de Babylone (Iraq) vers 2000 ans avant JC, figure un texte concernant l'assurance de marchandises transportées.

La construction des Pyramides, durant l'apogée de la civilisation égyptienne, a nécessité un apport de main d'œuvre considérable (les tailleurs de pierres). Beaucoup d'accidents se produisirent. Aussi une caisse de solidarité fut créée afin d'y remédier. Plus tard, vers 600 ans avant JC, des textes de la Grèce antique décrivent une sorte de caisse d'entraide en cas de malheur frappant les personnes. De nombreux autres exemples ont été répertoriés, mais il s'agit en réalité d'assistance mutuelle et non pas d'assurance au sens qu'on lui donne aujourd'hui[1].

En particulier, les peuples qui pratiquaient le commerce maritime (Phéniciens, les habitants de l'Inde antique et babyloniens) ont cherché les moyens de se procurer la sécurité indispensable à leurs entreprises car les périls de la mer étaient nombreux allant de la piraterie vers le naufrage les vols les braconniers etc.

Ils érigèrent en principe, par ailleurs, consacré par le droit romain le « prêt à la Grosse Aventure » lequel consiste en ce que l'emprunteur était dispensé du

---

[1] Fédération française de l'assurance, http://www.ffa-assurance.fr/sites/jcms/c_79361/une-page-d-histoire

remboursement de la somme prêtée sur le navire ou la cargaison, à charge de verser au prêteur, en vue de la restitution du principal, un intérêt « extraordinaire » également appelé profit, si l'expédition, bien entendu, arrivait à bonne fin donc une sorte d'intéressement pour contrecarrer les adversités diverses.

C'est au Moyen âge que l'idée de mutualité se fait jour et constitue une part importante de l'activité des confréries et des guildes et sera utilisée essentiellement par les négociants de l'Adriatique (prêt à la Grosse par exemple) avant que n'apparaisse l'assurance à primes.

D'ailleurs dans le but de réguler et d'humaniser, ne serait-ce que légèrement tous ces rapports l'Église en la personne de GREGOIRE IX a jugé bon d'intervenir. Ce qui fait commencer la relation de symbiose entre les autorités religieuse et l'assurance. La dimension théologique de l'assurance est ostentatoire partout et dans toutes les religions sans exception. La variante islamique est appelée *TAKAFUL* qu'on va développer plus tard.

2. Naissance de l'assurance moderne :

Au déclin du moyen âge, débuta la renaissance et le commerce se développa notamment grâce au dynamisme des négociants florentins, génois et flamands. Une ère de prospérité commença au XIVe siècle et ce fut la date de naissance véritable de l'assurance proprement dite. Les premiers contrats d'assurance firent leurs apparitions par lesquels un « assureur » s'engage envers un « assuré », moyennant le paiement d'une prime ou cotisation, à l'indemniser du préjudice que subissent ses biens par suite de la réalisation d'un risque de mer.

En 1336, un décret du Doge de Gènes réglementait pour la première fois les assurances. L'institution d'une assurance mutuelle obligatoire pour les propriétaires de navires de plus de 500 tonnes fut établie par une ordonnance du roi Ferdinand Ier dans la deuxième moitié du XIVe Siècle au Portugal[1].

Ce fut le prélude de la naissance de la première police d'assurance maritime connue datant du 22 avril 1329, conservée aux archives diplomatiques de Florence (Italie). La Renaissance fut marquée surtout par de grandes explorations géographiques (découvert de l'Amérique et du passage vers les Indes orientales).

Avec l'accroissement du trafic maritime, la codification des règles de l'assurance devint nécessaire et va en s'accélérant. Toute une littérature définissant les règles et usage dans l'assurance maritime vit le jour. En particulier, au XVIIe Siècle, en France, le cardinal MAZARIN successeur de RICHELIEU, désigna le ministre de Génie COLBERT lequel, aussitôt, promulgua en 1681 (l'ordonnance sur la marine) laquelle fut une œuvre magistrale car elle posa les grands principes de l'assurance maritime actuelle et elle influença profondément beaucoup de législations étrangères. Sur un tout autre tableau, MAZARIN toujours lui cherchant, comment résoudre les problèmes financiers de la France fort inquiétants à

---

[1]Fédération française de l'assurance, http://www.ffa-assurance.fr/sites/jcms/c_79372/principaux-textes-de-codification-et-de-réglementation-de-l-assurance-maritime

l'époque en raison de l'inefficacité du système fiscal et du coût élevé des dépenses militaires, fit appel à un autre homme nommé LORENZO de TONTI lequel était banquier napolitain, afin d'assainir les finances publiques. Celui-ci lui suggéra l'idée suivante : les citoyens seraient invités à déposer l'argent dans un fonds commun qui leur procurerait une rente viagère. Quand des souscripteurs mouraient les survivants se partageraient leurs parts et toucheraient davantage. À la mort du dernier souscripteur, le capital reviendrait entièrement à l'État. C'est ainsi que Tonti devint le fondateur de la Tontine, une première forme primitive de l'assurance-vie comportant des éléments aléatoires. On donne **1653** comme date de l'invention[1].

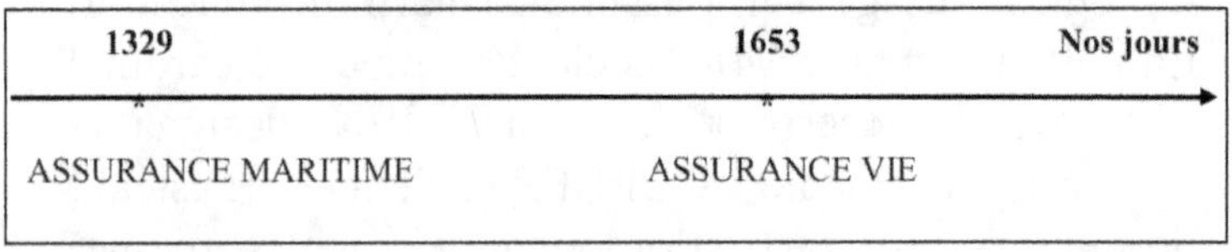

Figure 2 : Naissance de l'assurance vie (source : l'auteur)

[1]Euro-Assurance, https://www.euro-assurance.com/actualites-assurance/grande-histoire-assurance.html

3. L'assurance « *Takaful* »

T*akaful* (التكافل) dérive du verbe arabe « *kafalah* كفل » : garantir C'est un concept d'assurance basé sur la coopération et la protection et sur l'aide réciproque entre les participants.

Il est fondé également sur la mutualisation des risques, l'absence d'intérêt (interdiction du *Riba*), le partage des profits et des pertes (*Moudharaba* المضاربة), la délégation de gestion par contrat d'agence (« *Wakala* » الوكالة), l'interdiction des investissements illicites (« *Haram* »).

Dans l'assurance « *Takaful* », il faut impérativement dissocier les fonds des actionnaires et les fonds des sociétaires. En effet, les actionnaires ne doivent ni profiter, ni réaliser de perte sur les opérations d'assurance. Afin de contourner l'interdiction liée à la prise excessive de risque (« *Al Gharar* » الغرر) et au paiement et réception d'intérêt (« *Al Riba* » الربا), la prime est assimilée à une donation à la communauté des assurés pour leur intérêt mutuel. Ces donations doivent couvrir l'ensemble des charges techniques et les frais de gestion. L'opérateur n'est qu'un manager des contributions de la communauté des sociétaires et doit calculer toutes les charges d'exploitation et les faire supporter par le fonds. La compagnie *Takaful* s'engage à redistribuer les bénéfices à ses sociétaires. Il y a deux options acceptables : distribuer à tous sans exception ou distribuer à ceux qui n'ont pas eu de sinistres (similaire à un bonus). Les actionnaires ne peuvent pas percevoir une partie du bénéfice technique. En cas de perte, ils doivent avancer un prêt sans intérêt (*quard hassan قرض حسن*) *au* fonds des sociétaires, remboursable sur les profits techniques futurs. La pratique du *Takaful* doit être conforme à la loi islamique qui est la *Chariaa الشريعة*, appelée aussi le droit musulman comme nomination moderne, cette dernière admet comme source principale les trois éléments suivants :

- Le *Coran القران*: Principale source écrite du Droit musulman, parole de *ALLAH* الله transmise par le Prophète (محمّد صلّى الله عليه وسلّم).
- La *Sunnah* السنة: l'ensemble des paroles et des actes du Prophète (محمّد صلّى الله عليه وسلّم) elle comprend, essentiellement, deux composantes : le *Hadith الحديث et* la *Sira السيرة*.
- Le *Fiqh* الفقه : ou la jurisprudence, il définit comme l'interprétation temporelle des règles du Coran et de la *Sunnah.* Cette jurisprudence se fait soit par l'*Ijmaà الاجماع*(consensus) ou bien le *Qiyas القياس* (le raisonnement par analogie) des experts du domaine Le *Takaful* doit être conforme aux normes de la *Chariaa*

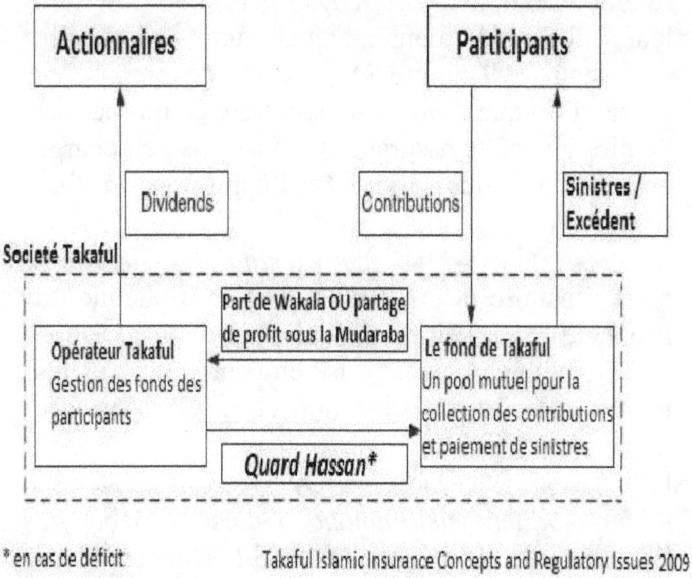

Figure 3 : Fonctionnement de l'assurance Takaful[1]

Le Coran nous permet de détecter les traces historiques de l'assurance *Takaful* sur plusieurs moments en suivant les versets contenants le verbe « *kafalah* (كفل) » c'est à dire assurer et garantir dont voici quelques extraits :

- [23/ص] ﴿فقال أكفلنيها﴾ «*il a dit akfilniha*»: c'est l'histoire de deux frères antagonistes qui ce sont

[1]Takaful Islamic insurance concepts and regulatory issues .2009. Wiley

référer au Prophète *DAOUD* (*David*) pour résoudre leur différend dans lequel un propriétaire majoritaire (99 moutons) demande de prendre en charge l'unique mouton de son frère ce qui permet de dire que cette assurance est une prise en charge de tous les risques afférent à l'appropriation d'un bien.

- [37/آل عمران] ﴿وكفلها زكريا﴾: « *wa kafalaha Zakariia* » c'est l'histoire de *MERIEM* la mère orpheline du Prophète *ISSA (Jésus)* ce qui permet de dire que cette assurance est une prise en charge de tous les risques afférent à l'éducation et survie d'un être humain en difficulté.
- [12\ القصص ﴿فَقَالَتْ هَلْ أَدُلُّكُمْ عَلَىٰ أَهْلِ بَيْتٍ يَكْفُلُونَهُ لَكُمْ﴾ : « *ahlou baiten yakfilounaho* » c'est le début de l'histoire du Prophète *MOUSSA* (Moeiz) dans laquelle il été un bébé sans aucun pouvoir et il a besoin de toute forme d'assistance et de soutien.

II. Définitions des termes usuels :

Dans cette sous-section on va rappeler la définition des termes essentiels dans l'industrie de l'assurance qui devient de plus en plus compliquée. Plusieurs lexiques en lignes sont proposés dans les sites des compagnies d'assurance.

1. Assurance :

L'étymologie du mot assurance est d'origine latine *« Securus »* qui veut dire sur, d'où émane le terme *« Assecuratio »* (sécurité, garantie, certitude, assurance…). Dès lors, l'ancien Français méridional adopta le terme assurance, tout en conservant les mêmes consonances retrouvées dans les termes : sécurité, sûreté secours.[1]

L'assurance se range dans le secteur tertiaire de l'économie, autrement dit, un secteur regroupant les industries de service essentiellement immatériel. Dans les pays développés, c'est de loin le secteur le plus important en nombre d'actifs occupés. Par sa contribution à la sécurité de l'Homme et de ses activités, l'assurance se voit affectée à une place privilégiée dans l'économie. Des masses financières considérables circulent au sein des compagnies d'assurance pour la couverture des engagements de ces derniers envers les assurés. Dans les sociétés modernes les compagnies d'assurance constituent un pôle financier important dont la capacité à prêter des fonds aux agents ayant des besoins de financement, n'est pas des moindres. De plus lesdites compagnies interviennent sur le marché en tant que intermédiaires financiers. On arrive même à les qualifier des « *Market Maker* » sur les marchés de change et non pas des « *Market Taker* » vue leur taille financière imposante.

Le rôle de l'assurance ne se résume pas uniquement à indemniser financièrement les victimes, elle rentre également dans le cadre du processus de capitalisation d'une économie moderne. En effet, le monde des assurances, procède aussi à des investissements

---

[1] Dr.Boudjellal Mohammed(2005).Les assurances dans un système islamique, Ed Bréal Amazon ; 3ème édition; 2005 p62

pendant un certain temps au cœur des marchés financiers d'une économie donnée de par la nature des contrats. Un des attributs de la sphère des assurances, qui fait sa souplesse et son adaptabilité a tous les aléas pouvant survenir au cours du temps, et qu'elle s'oriente plutôt vers le moyen et le long terme, ne recherchant pas les profits rapides. En conséquence, l'assurance est devenue un outil majeur de la croissance et de la prospérité économique.

L'assurance, classiquement, peut être définie comme l'opération par laquelle une partie, l'assureur s'engage moyennant une rémunération (prime ou la cotisation) à payer une prestation (capital, rente) à une autre partie, l'assuré ou le bénéficiaire (tiers) en cas d'une réalisation d'un risque déterminé (le sinistre).

Par cet acte de prévoyance l'assuré se met à l'abri du risque qu'il redoute tandis que la stratégie de l'assureur consiste à amoindrir l'effet du hasard en regroupant toutes les personnes désirent faire face à ce même risque. Par une contribution proportionnelle de chacun, les sommes versées permettent à ceux qui ont été victimes du sort, des prestations convenues.

En guise de conclusion, L'assurance est l'opération par laquelle une partie, l'assuré, se fait promettre moyennant une rémunération, la prime ou cotisation, une prestation par une autre partie, l'assureur, en cas de réalisation d'un risque.et on peut la schématiser de la façon suivante :

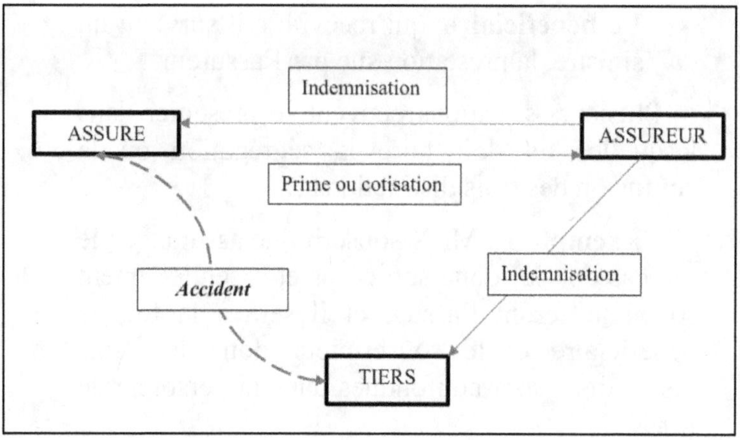

Figure 4 : L'assurance contemporaine simplifiée (Source : l'auteur)

2. Assuré :

Personne soumise au risque c'est-à-dire qui a recourt au contrat d'assurance pour garantir la vie, les actes ou les biens. Personne qui paye les primes stipulées et reçoit les prestations promises en cas de survenance du risque.

Cette hypothèse est le plus simple car, il est nécessaire de distinguer :

- **Le souscripteur** (ou preneur d'assurance) qui singe le contrat et s'engage envers l'assureur à payer les primes.
- **L'assuré**, dont les biens ou la personne sont exposés au risque.

- **Le bénéficiaire**, qui recevra, s'il survient un sinistre, la prestation sue par l'assureur.

Plusieurs situations peuvent se présenter dans lesquelles on doit faire la ségrégation ou la confusion des trois distinctions :

Exemple 1 : Mr X souscrit une assurance vie (en cas de vie) donc son corps et essentiellement son âme seront l'assuré et il sera à la fois le bénéficiaire et le souscripteur donc les trois distinctions sont confondues dans la personne de Mr X

Exemple 2 : Mr X souscrit une assurance vie (en cas de mort) donc son corps et essentiellement son âme seront l'assuré et il sera souscripteur mais ce sont ses héritiers qui seront les bénéficiaires

Exemple 3 : Mr X souscrit une assurance voiture donc c'est son véhicule qui sera l'assuré et il sera à la fois le bénéficiaire et le souscripteur

Exemple 4 : Mr X est le directeur de l'institut supérieur des études juridiques souscrit une assurance incendie, donc c'est le bâtiment qui sera l'assuré et il sera le souscripteur et le ministère d'enseignement supérieur qui sera le bénéficiaire

3. Assureur :

L'assureur est celui qui s'oblige à payer l'indemnité prévue dans les assurances de dommages, le capital ou la rente dans les assurances de personnes en cas de réalisation du risque en contrepartie d'une rétribution dénommée « prime » ou « cotisation ».

L'assureur est en, règle générale, une société commerciale (société anonyme) ou civile (mutuelle) mais ce peut être aussi une association (mutuelle agricole) ou même un groupement de particuliers.

Le marché Tunisien[1] des assurances compte 24 compagnies résidentes à la fin de l'année 2020 et cette suite à l'octroi au cours de cette année, de l'agrément définitif à deux (02) nouvelles sociétés spécialisées dans l'assurance vie et capitalisation. La majorité des compagnies (22) opèrent sous le statut de société anonyme et 2 sont constituées en société à forme mutuelle. Par ailleurs, 15 d'entre elles opèrent en multibranches, parmi lesquelles trois (03) sont spécialisées en assurance *Takaful : « Zitouna Takaful», «El Amana Takaful»* et *«Assurances Attakafulia»*.

Quant aux autres compagnies, elles sont spécialisées dans une activité particulière d'assurance. Ainsi, on distingue :

- Sept (07) compagnies spécialisées en assurance vie et capitalisation :« *Hayett* »,«GAT Vie», «*Maghrebia* Vie», «Carte Vie», «*Attijari* Assurance», «Lloyd Vie» (qui a démarré effectivement son activité pendant le dernier trimestre de l'année 2020) et «Assurances UIB» (dont l'activité n'a pas encore démarré) .

[1] Rapport annuel du secteur des assurances 2020.CGA (Comité Générale des Assurances)

- Une (01) compagnie spécialisée en assurance des crédits à l'exportation : La « COTUNACE ».
- Une (01) compagnie spécialisée en réassurance : « Tunis-Ré ».

En plus de ces sociétés résidentes, huit (08) compagnies off-shore se trouvent actuellement installées en Tunisie, soit cinq (05) succursales et trois (03) bureaux de représentation des sociétés d'assurance et de réassurance des non-résidents.

4. Coassurance :

Si un assureur se voit proposer un risque dont le montant excède son plein, il est obligé de se décharger de cet excédent. La coassurance consiste à partager le risque en un certain nombre de parts, égales ou inégales, réparties entre plusieurs assureurs. Les coassureurs se partagent le risque, c'est à dire la prime et, si le risque se réalise, le sinistre. Le partage de l'indemnisation du sinistre se fait selon la même répartition que le partage de la prime, c'est un partage proportionnel. Le plus souvent une des sociétés, appelée "apéritrice", agit comme gérante ou mandataire des coassureurs et se charge des relations avec l'assuré : établissement du contrat et des quittances, encaissement des primes et répartitions de ces dernières entre les coassureurs. Toutefois en cas de litiges porté devant les tribunaux, l'assuré doit mettre en cause tous les coassureurs. Certaines affaires, qui impliquent une collaboration permanente entre plusieurs coassureurs, sont dites "en consortium" ou en "pool". La coassurance peut être schématiser de la façon suivante ;

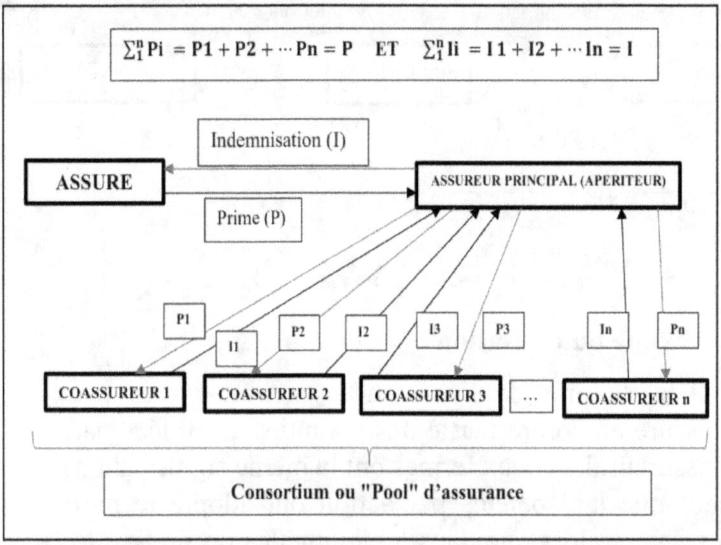

Figure 5 : La coassurance (Source : l'auteur)

5. La réassurance :

La réassurance peut être définie comme l'assurance de l'assureur au profit de ses assurés sur les risques que ceux-ci lui ont demandé de garantir mais la réassurance a d'autres fonctions. Le réassureur assume une part des risques, mais il offre aussi des conseils, des informations, ... et de la formation à l'assureur direct. Il est aussi un soutien financier.

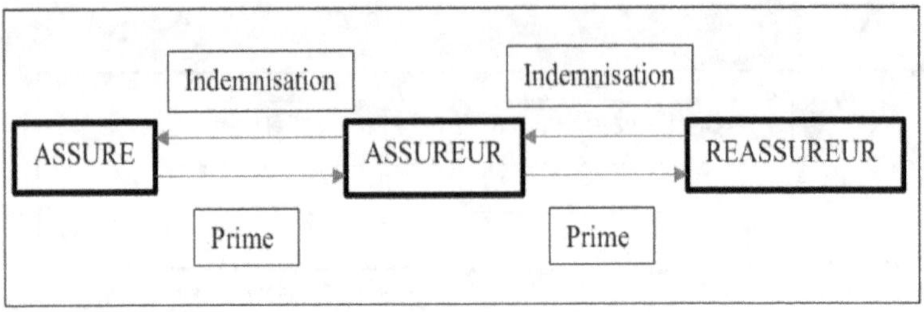

Figure 6 : La réassurance (Source : l'auteur)

6. Prime ou cotisation :

C'est le prix de l'assurance : somme payée par l'assuré en contre partie des garanties accordées par l'assureur. Les deux termes ont la même signification sauf que les sociétés par action ont adopté le mot « prime » alors que dans les mutuelles on préfère le mot « cotisation » qui peut être annuelle. Semestrielle ou trimestrielle.

Les éléments qui interviennent en principe dans le calcul de primes sont :

- La valeur du bien à garantir, le montant du capital assuré ou le coût moyen des sinistres.
- La probabilité de survenance ou la fréquence, des sinistres sur un laps de temps déterminé.

Le calcul de la prime optimale reste un champ de recherche très fertile et chaque année les recherches empiriques nous amènent à des modèles de plus sophistiqués de facturation.

Malgré ces développements, la détermination de la prime optimale reste un souci permanent des assureur pour réconcilier la situation de manque à gagner (sous prime) et la fuite des clients (sur prime).Entre la première stratégie (pénétration) et la deuxième (écrémage) les opérateurs tunisiens, comme on va le voir dans les chapitres suivants , ont choisi la troisième à savoir la stratégie d'alignement et la pratique du même prime à quelques dinars prés et malgré ce choix stratégique d'entente, ni les compagnies d'assurance ni les clients tunisiens sont satisfaits.

7. Risque :

Nom masculin (italien « *Risco* », du latin populaire « *Resecum* », ce qui coupe)[1] :

- Possibilité, probabilité d'un fait, d'un événement considéré comme un mal ou un dommage : Les risques de guerre augmentent.
- Danger, inconvénient plus ou moins probable auquel on est exposé : Courir le risque d'un échec. Un pilote qui prend trop de risques. Synonyme : péril
- Fait de s'engager dans une action qui pourrait apporter un avantage, mais qui comporte l'éventualité d'un danger : Avoir le goût du risque.
- Préjudice, sinistre éventuel que les compagnies d'assurance garantissent moyennant le paiement d'une prime : Risques naturels, industriels.

[1] https://www.larousse.fr/dictionnaires/francais/risque/69557

Trois significations sont attribuées à ce mot dans le vocable de l'assurance :

- En générale il désigne l'objet assuré
- C'est aussi l'objet de l'assurance : cet immeuble est assuré contre le risque d'incendie
- Ou encore dans les tarifs pour la classification : risque industriel ou risque simple et incendie, risque automobile, risque vie …

Du point de vue juridique, le risque constitue l'événement incertain ou de date incertaine contre lequel on désir s'assurer : Le risque incendie, vol ou de décès. C'est-à-dire la mise en cause de la responsabilité de l'assuré. Du point de vue technique le risque est caractérisé par la probabilité de l'arrivée d'un événement et son importance, ces considérations sont bien entendu fort déterminantes pour la fixation de la prime.

Une autre notion connexe peut être avancée à ce stade c'est l'aversion au risque qui décrit l'attitude d'un individu qui privilégie spontanément les investissements peu risqués. Celui-ci préférera des placements sûrs, pour lesquels son capital n'est pas à risque, comme par exemple le Livret d'épargne ou encore le contrat d'assurance vie. Et cela, même si ces investissements offrent un (très) faible rendement par rapport à des alternatives certes plus risqués, mais visant des rendements plus élevés comme les actions. L'aversion au risque s'oppose au "goût pour le risque". Il s'agit d'une notion subjective et donc complexe à évaluer. Il peut s'illustrer à travers l'exemple suivant : entre recevoir 40 dinars de façon certaine ou une pile ou face où vous pouvez recevoir

80 dinars (pile) ou rien (face), que choisir ? L'espérance de gain est la même, soit 40 dinars, mais le pile-ou-face est plus risqué.si l'individu choisit 40 dinars certain ont dit qu'il est risquophobe et s'il choisit pile ou face il sera un risquophile amateur de risque.

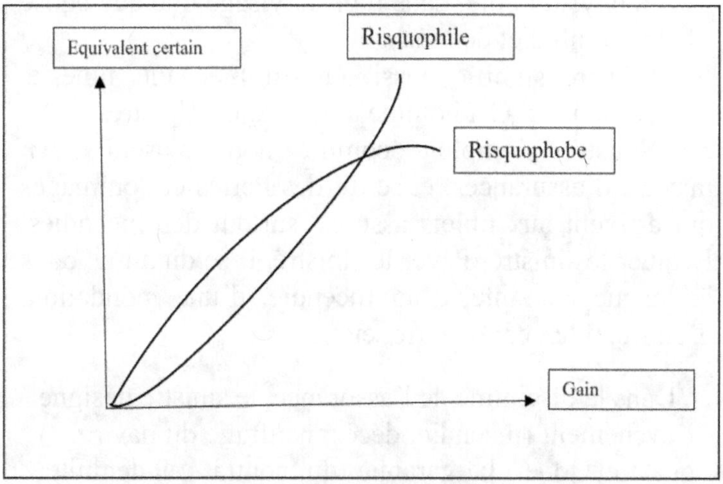

Figure 7 : Fonction d'utilité d'un risquophobe et d'un risquophile (Source : l'auteur)

8. **Sinistre :**

SINISTRE. adj. des deux genres[1] :

- Qui annonce, qui présage des malheurs. Présage sinistre. Sinistre augure. Il signifie, par extension, Qui est sombre, funeste, terrifiant. Un avenir sinistre. Vous envisagez cet événement sous un aspect trop sinistre. Une aventure sinistre. Avoir la physionomie sinistre, avoir l'air sinistre, Avoir dans la physionomie, dans l'air du visage quelque chose de sombre et de méchant.
- Sinistre signifie aussi qui est méchant, funeste, pernicieux. Cet homme a des projets sinistres.
- Sinistre s'emploie comme nom masculin, en matière d'assurances, et se dit des Pertes et dommages qui arrivent aux objets assurés, surtout des Incendies. Évaluer le sinistre. Payer le sinistre. Il se dit aussi, dans la langue courante, d'un Incendie, d'une inondation, d'un tremblement de terre, etc.

Dans la discipline de l'assurance, le sinistre désigne l'événement (incendie, décès, naufrage du navire…) qui fait jouer la garantie du contrat : indemnité, capital, ou rente. Pour les assureurs de responsabilité civile, il n'y a sinistre que si la victime réclame un dédommagement au responsable assuré.

[1] https://www.dictionnaire-academie.fr/article/A8S1008

On peut affirmer que le sinistre est en dernier lieu un risque que s'est réalisé provoquant des dégâts générateurs d'indemnisations.

9. **Dommage :**

Nom masculin (ancien français damage, de dam, dommage)[1] :

- Préjudice porté à quelqu'un (corporellement ou moralement), à ses biens par le fait d'un tiers ; tort : Quiconque cause un dommage à autrui doit le réparer. Synonymes : perte - tort destruction, une atteinte corporelle
- Dégât matériel causé à quelque chose : La grêle a causé des dommages aux vignobles. Synonymes : atteinte - avarie - dégradation - détérioration - ravage - sinistre un manque à gagner.

Le Droit des assurances, distingue les dommages aux biens et les dommages aux personnes. La réparation d'un dommage consiste dans le versement de dommages-intérêts. Les premiers peuvent être définis comme étant une altération volontaire ou non, causée par un tiers, d'un bien ou d'un droit appartenant à celui qui s'en plaint, ayant pour résultat une perte de valeur ou la perte d'une chance. S'agissant de la réparation d'un préjudice né d'une perte de chance

En assurance on fait aussi la distinction suivante :

---

[1] https://www.larousse.fr/dictionnaires/francais/dommage/26399

- Dommages matériels : dégâts à causés à des immeubles, à des objets à des animaux.
- Dommages immatériels : conséquences de la perte ou de la destruction de l'objet.
- Dommages corporels : atteinte corporelle à la suite d'un accident, et leurs conséquences.

SECTION II : Le cadre légal de l'assurance en Tunisie :

Le cadre légal de la discipline est très riche et présente un volume juriste imposant avec des détails techniques abondantes et dans une perpétuelle dynamique de changement et de réajustement. Ce cadre repose essentiellement sur un code imposant de 391 pages promulgué par Loi n° 92-24 du 9 mars 1992 qui comporte cinq titres :

- Le contrat d'assurance
- Organisation des professions spécifiques au secteur des assurances
- L'assurance en matière de construction
- Assurance à l'exportation
- L'assurance de la responsabilité civile de fait de l'usage des véhicules terrestre à moteur

En plus du code on trouve une panoplie de décrets et d'arrêtés qui viennent pour compléter ou expliquer ses dispositions.

Parmi ces cinq titres on va présenter le premier et le dernier c'est-à-dire le contrat d'assurance et l'assurance de la responsabilité civile

Le contrat d'assurance est l'élément idiosyncrasique de toute la discipline et la responsabilité civile sera la clé de voute des chapitres suivants.

I. Le Contrat d'assurance :

1. Définition :

La liaison entre assureur et assuré ne peut jamais s'établir sans l'existence d'un contrat. C'est une pièce maitresse qui organise la relation entre les deux parties et il en découle toute l'industrie de l'assurance : c'est sa clé de voute et pour cela il bénéficie d'une importance ostentatoire dans ce code estimée à 47 articles

Le contrat d'assurance est la convention par laquelle une entreprise d'assurance ou assureur s'engage, en cas de réalisation du risque ou au terme fixé au contrat, à fournir à une autre personne appelée "assuré" une prestation pécuniaire appelée généralement indemnisation ou encore compensation en contrepartie d'une rémunération appelée prime ou cotisation.

Le contrat d'assurance doit être est rédigé en caractères apparents. Toute modification ou addition au contrat initial doit être constatée par un avenant signé des deux parties. Toutefois, avant la délivrance du contrat ou de l'avenant, l'assureur et l'assuré peuvent s'engager l'un à l'égard de l'autre par la remise d'une note de couverture qui, sauf stipulation contraire, indique que l'engagement est fait sur la base des conditions générales du contrat d'assurance.

2. Composition et durée :

Le contrat d'assurance doit comporter au minium les éléments suivants :

- La date de souscription,
- Les indications relatives aux parties contractantes,
- Le risque assuré ou le terme de l'engagement,
- La chose ou la personne assurée,
- La prime ou la cotisation d'assurance,
- La valeur assurée,
- La date d'effet du contrat et sa durée.

Tout intérêt légitime peut faire l'objet d'un contrat d'assurance. Tout intérêt direct ou indirect à la non-réalisation d'un risque peut être assuré sauf exclusion formelle et limitée. L'assureur ne répond pas des dommages résultant de la faute intentionnelle ou dolosive.

La durée de l'assurance est fixée au contrat. Si cette durée excède une année, et sous réserve des dispositions relatives aux assurances sur la vie, l'assuré a le droit de résilier le contrat tous les ans à l'échéance du contrat en prévenant l'assureur au moins deux mois avant la date d'échéance dans l'une des formes de résiliation indiquée au dernier alinéa du présent article. Ce droit de résiliation doit être mentionné dans chaque contrat.

3. Les obligations et les droits des deux parties :

L'assuré est obligé :

- De payer la prime ou la cotisation d'assurance aux époques convenues.

- De répondre loyalement et avec précision à toutes les questions consignées dans le formulaire de déclaration du risque par lequel l'assureur l'interroge, lors de la conclusion du contrat, sur les circonstances qui sont de nature à lui faire apprécier les risques qu'il prend en charge.
- De déclarer les circonstances nouvelles intervenues en cours de contrat et rendant inexactes les réponses portées au formulaire de déclaration du risque. L'assuré doit par lettre recommandée, déclarer ces circonstances à l'assureur dans un délai de huit jours à partir du moment où il en a eu connaissance.
- De donner avis à l'assureur, dès qu'il en a eu connaissance et au plus tard dans un délai ne dépassant pas cinq jours ouvrés, de tout sinistre de nature à entraîner la garantie de l'assureur. Ce délai est ramené à deux jours ouvrés en cas de vol et à vingt- quatre heures en cas de mortalité du bétail.

Les délais prévus peuvent être prolongés d'un commun accord entre les deux parties contractantes. L'assureur peut en cours de contrat augmenter la prime ou cotisation d'assurance en cas d'aggravation du risque telle que si les circonstances nouvelles avaient existé à la souscription ou au renouvellement il n'aurait pas contracté ou ne l'aurait fait que moyennant une prime ou cotisation d'assurance plus élevée. Dans tous les cas le contrat doit mentionner explicitement les aggravations du risque.

L'assureur peut suspendre le contrat d'assurance quand, l'assuré n'a pas payé à son échéance la prime ou la cotisation d'assurance ou la fraction de cette prime ou cotisation. La suspension ne prend effet que vingt jours après l'envoi à l'assuré, à son dernier domicile connu de l'assureur, et par lettre recommandée avec accusé de réception, d'une mise en demeure d'avoir à payer…

En outre l'assureur est obligé de couvrir l'indemnisation des dommages résultant des atteintes aux personnes et aux biens causés à l'occasion de la circulation des véhicules et résultant :

- Des accidents, incendies ou explosions causés par le véhicule terrestre à moteur, ses remorques, ses accessoires, les équipements servant à son utilisation, les objets ou les substances qu'il transporte.
- De la chute des accessoires, équipements, objets ou substances.

A tire complémentaire l'assureur peut couvrir aussi des dommages suivants :

- Les dommages subis par le conducteur du véhicule.
- Les dommages subis par l'auteur du vol du véhicule et ses complices.

- Les dommages subis, pendant leur service, par les salariés et les préposés de l'assuré lorsque sa responsabilité est prouvée.
- Les dommages subis par les associés de l'assuré lorsqu'ils sont transportés dans le véhicule dans le cadre de leur activité commune.
- Les dommages résultant des opérations de chargement ou de déchargement du véhicule.

- Les dommages résultant des effets directs ou indirects d'explosion, de dégagement de chaleur, d'irradiation provenant de la transmutation de noyaux d'atomes ou de la radioactivité ainsi que les effets de radiation provoqués par l'accélération artificielle de particules.
- Les dommages causés aux marchandises et objets transportés par un véhicule terrestre à moteur sauf en ce qui concerne la détérioration des vêtements des personnes transportées lorsque celle-ci résulte d'un accident de la circulation ayant causé des préjudices corporels.

L'assureur procède au paiement de l'indemnité aux bénéficiaires pour le compte de l'assuré et peut exercer contre ce dernier une action en remboursement des montants qu'il a ainsi payés à sa place.

4. Les exclusions :

Le contrat d'assurances peut prévoir des exclusions de garantie dans les cas suivants :

- Lorsque, au moment du sinistre, le conducteur n'a pas l'âge requis pour la conduite du véhicule assuré.
- Lorsque, au moment du sinistre, le conducteur ne possède pas des certificats, en état de validité, exigés par la réglementation en vigueur pour la conduite dudit véhicule. Cette condition ne s'applique pas au conducteur qui conduit un véhicule terrestre à moteur, aménagé pour l'apprentissage, pendant une séance supervisée par une personne possédant les certificats exigés par la réglementation en vigueur.
- Les dommages subis par les personnes transportées

par un véhicule terrestre à moteur, lorsque le transport n'est pas effectué dans les conditions de sécurité exigées par la réglementation en vigueur.

- L'opposition aux victimes des accidents de la circulation ou à leurs ayants droit en cas de décès la clause relative à la réduction de l'indemnité ou tous les cas de déchéance.

II. L'Assurance de la responsabilité civile :

1. Définition :

La responsabilité civile est définie par : « Chacun est responsable du dommage moral ou matériel qu'il a causé, non seulement par son fait, mais par sa faute, lorsqu'il est établi que cette faute en est la cause directe. Toute stipulation contraire est sans effet. La faute consiste, soit à omettre ce qu'on était tenu de faire, soit à faire ce dont on était tenu de s'abstenir, sans intention de causer un dommage. »[1]

C'est **la loi n° 60-21 du 30 décembre 1960,** portant institution de l'obligation d'assurance de responsabilité civiles pour les propriétaires de véhicules à moteur circulant sur le sol.

2. Obligations :

L'Assurance de la responsabilité civile du fait de l'usage des véhicules terrestres à moteur et le régime d'indemnisation des préjudices résultant des atteintes aux personnes dans les accidents de circulation.

---

[1] Le code des obligations et des contrats. Article 83.

L'obligation d'assurance de la responsabilité civile résultant de l'usage des véhicules terrestres à moteur et de leurs remorques. Toute personne physique ou toute personne morale, dont la responsabilité civile peut être engagée à l'occasion de la circulation d'un véhicule terrestre à moteur et ses remorques, doit conclure un contrat d'assurance garantissant la responsabilité qu'elle peut encourir en raison des dommages résultant des atteintes aux personnes et aux biens causés par le véhicule. Toute remorque doit être assurée séparément qu'elle soit attelée ou non au véhicule remorqueur. La remorque prend le sens d'un véhicule dans le présent titre.

Le contrat d'assurance couvre la responsabilité civile du contractant, du propriétaire du véhicule et de toute personne ayant la garde ou la conduite du véhicule à l'exception des personnes exerçant le métier de réparation, d'entretien ou du commerce des véhicules.

L'obligation d'assurance s'applique à tout véhicule terrestre à moteur ainsi qu'à ses remorques à l'exception des véhicules appartenant à l'État et des véhicules circulant sur les voies ferrées. Il est interdit à toute entreprise d'assurance de subordonner son acceptation de toute demande d'assurance de responsabilité civile à la souscription de garanties supplémentaires couvrant tout autre risque.

A noter enfin qu'il est passible d'une amende de 100 à 1000 dinars et d'un emprisonnement de seize jours à trois mois ou de l'une de ces deux sanctions, et en cas de récidive, le montant de l'amende est doublé.

III. Les textes complémentaires :

1. Les circulaires[1] :

Il existe en réalité une panoplie des circulaires importants faisant complément du code dont on peut citer :

- Circulaire du ministre des finances N°1/2018 du 31 janvier 2018 relatif au tarif d'assurance frontière.
- Circulaire n°1/2017 du 28 février portant fixation du tarif de l'assurance de la responsabilité civile du fait de l'usage des véhicules terrestres à moteur.
- Circulaire du ministre des finances N°2/2015 relatif au tarif de l'assurance frontière.
- Circulaire n° 258 de 2010 fixant les conditions et les modalités d'élaboration des rapports des commissaires aux comptes des Sociétés d'assurance et de réassurance adressés au CGA.

2. Normes comptables[2] :

- La présentation des états financiers des entreprises d'assurance et/ou de réassurance NC 26
- Contrôle interne et à l'organisation comptable dans les entreprises d'assurance et/ou de réassurance NC 27
- Revenus dans les entreprises d'assurance et/ou de réassurance NC 28

---

[1] https://www.cga.gov.tn/index.php?id=30&L=0

[2] https://www.cga.gov.tn/index.php?id=29&L=0

- Norme comptable relative aux provisions techniques dans les entreprises d'assurance et/ou de réassurance NC 29
- Charges techniques dans les entreprises d'assurance et/ ou de réassurance NC 30
- Placements dans les entreprises d'assurance et/ou de réassurance NC 3

3. **Autres textes[1] :**

- Responsabilité et contrôle technique dans le domaine de la construction
- Assurance incendie obligatoire
- Assurance mutuelle agricole
- Garantie de financement des exportations avant expédition
- Assurance du transport des marchandises à l'importation
- Assurance maladie
- Approbation des normes comptables
- Traité de nomination- type des agents d'assurance

4. **Centrale des Risque Bonus-Malus (CRBM)[2] :**

- Décision du ministre des finances du 08 Mai 2019 relative à la fixation du système "Bonus Malus" du tarif

[1] https://www.cga.gov.tn/index.php?id=29&L=0

[2] https://www.cga.gov.tn/index.php?id=246&L=0

de l'assurance responsabilité civile des propriétaires des véhicules terrestres à moteur.

- Règlement No 1/2015 du 25 Décembre 2015 relatif à la création d'une Base de Données au niveau du CGA pour l'application du système "Bonus Malus" du tarif de l'assurance responsabilité civile des propriétaires des véhicules terrestres à moteur.

SECTION III : Fiscalité du secteur de l'assurance en Tunisie

La Législation fiscale relative à l'assurance comporte deux aspects à savoir la fiscalité de la prime et la fiscalité des prestations.

L'assurance sur la vie bénéficie d'un régime fiscal incitatif, étant donné son importance en tant qu'instrument de mobilisation de l'épargne longue durée

I. La fiscalité de la prime d'assurance sur la vie et capitalisation :

- Les primes d'assurance sur la vie et capitalisation sont exonérées de la TUA. (Taxe unique sur les assurances) selon les dispositions de l'article 145 du code des droits d'enregistrement et de timbre.
- Les primes payées dans le cadre des contrats assurance-vie et des contrats de capitalisation (individuel ou collectifs) sont exonérées de l'IRPP dans la limite de 10.000 dinars par an, et ce, lorsque ces contrats comportent l'une des garanties suivantes :

- Garantie d'un capital ou d'une rente ou des unités de compte au profit de l'assuré, de son conjoint, de ses ascendants ou descendants d'une durée effective (ou durée d'affiliation effective) au moins égale à dix ans ;
- Garantie d'un capital ou d'une rente en cas de décès au profit du conjoint, des ascendants ou des descendants.
- Pour les contrats collectifs et en sus des conditions citées ci-dessus, l'existence de cofinancement du contrat entre adhérent et souscripteur à hauteur d'une cotisation minimale dont le taux est fixé par un arrêté du Ministre des Finances.

- Exonération des primes payées par l'employeur au titre des contrats collectifs de l'IRPP dû par les employés sous réserve du respect des conditions prévues ci dessus. Les primes d'assurance sur la vie et capitalisation payées dans le cadre des contrats collectifs sont déduites de l'assiette de calcul du bénéfice imposable pour la partie revenant aux employeurs sous réserve du respect des conditions prévues ci dessus et sans conditions pour les contrats en exécution des obligations du souscripteur prévues par la législation en vigueur, avec restitution de l'économie d'impôt plus des pénalités de retard en cas de rachat du contrat.

II. La Fiscalité des prestations vie et capitalisation :

- Les prestations payées dans le cadre de l'exécution des contrats d'assurance vie et capitalisation (capitaux, rentes, unité de comptes) à l'exception des sommes payées dans le cadre des contrats assurance-vie et des contrats de capitalisation en exécution des obligations du souscripteur prévues par la législation en vigueur. Sont exonérées d'impôts ;

- Les prestations servies au titre des contrats d'assurances sur la vie (capital décès, rentes et sommes revenant aux ayants-droits sont exonérées des droits d'enregistrement sur les successions.

III. Fiscalité des compagnies d'assurance

1. Taxe unique sur les assurances TUA

Les contrats d'assurance conclus avec des entreprises d'assurance sont soumis, quel que soit le lieu où ils ont été conclus, à la taxe unique sur les assurances « TUA ». Sont exonérés de la taxe unique sur les assurances :

- Les contrats de réassurance.
- Les contrats d'assurance relatifs aux risques agricole et de pêche.
- Les contrats d'assurance des risques des marchandises à l'exportation et les contrats d'assurance des crédits à l'exportation.
- Les contrats d'assurance obligatoire dans le domaine de la construction à usage d'habitation conformément à la législation en vigueur.
- Les contrats d'assurance sur la vie, les contrats de capitalisation et les contrats de rentes viagères.
- Les contrats d'assurance des risques situés hors de Tunisie.

Le taux de la taxe TUA est fixé à :

- **5 %** pour les contrats d'assurance des risques de la navigation maritime et aérienne.
- **10%** pour les contrats d'assurance des autres risques.

2. Taxes parafiscaux relatives aux fonds liés au secteur des assurances :

- Fonds de Garantie des Assurés (FGA) :

La cotisation des sociétés d'assurance est fixée à **1 %** des primes émises du mois précédent nettes d'annulations et d'impôts et de réassurance.

Cette cotisation concerne toutes les catégories d'assurances à l'exception de l'assurance sur la vie et la capitalisation.

- Fonds de garantie au profit des victimes d'accidents d'automobiles :

La cotisation des sociétés d'assurance est fixée à **10 %** des frais effectifs du fonds répartis au prorata de la part de chaque entreprise des primes ou cotisations d'assurances au titre de la branche de la responsabilité civile résultant de l'usage des véhicules terrestres à moteur et leurs remorques au cours de l'année écoulée.

- Fonds de la protection civile et de la sécurité routière :

La contribution est due sur la base du montant des primes émises aux taux suivants :

- **0,3%** pour les primes d'assurance automobile
- **1 %** pour les autres primes d'assurance.

La contribution est due sur la base du montant des primes émises et de tous accessoires stipulés au profit de l'assureur après déduction des montants annulés ou restitués aux taux suivant :

- Fonds de prévention des accidents de la route :

La contribution des entreprises d'assurances est fixée à **0,4%** des primes ou cotisations émises au titre de l'assurance des véhicules terrestres à moteur, nettes de taxe et d'annulations,

SECTION IV : Liste des catégories d'assurances en Tunisie

Le champ d'activité du secteur assurance en Tunisie est fortement règlementé et les assureurs tunisiens ne peuvent pas couvrir tous les risques qu'ils désirent, au contraire une liste limitative à fixer leur champ d'intervention à seulement seize risques assurables. Cette liste a été fixée depuis 1993 par arrêté du ministre des Finances (**Annexe 1**) qui dispose dans son article premier que les opérations d'assurances sont classées en catégories (un chiffre) et sous catégories (deux chiffres). La liste des catégories et des sous-catégories est fixée comme suit :

1. Assurance Automobile :(voir chapitre suivant)

1-1. Assurance de responsabilité civile :

Toute responsabilité civile résultant de l'emploi de véhicules terrestres à moteur y compris la responsabilité du transporteur.

1-2. Assurance des dommages subis par les véhicules terrestres à moteur.

2. Assurance Transport :

Assurance limitée dans le temps et dans l'espace du voyage et couvre seulement la marchandise lorsqu'elle est transportée :

2-1. Assurance des marchandises transportées :

Tout dommage subi par les marchandises transportées ou bagages quel que soit le moyen de transport. Et couvre seulement la marchandise lorsqu'elle est transportée de son point de départ jusqu'à le point d'arrivé (ouverture dans l'espace) et sur la durée du voyage (couverture dans le temps)

2-2. Assurance des corps de véhicules (autres que terrestres) :

2.2.1 Assurances des corps de véhicules aériens. (Avion, hélicoptère, montgolfière, drone etc.…)

2.2.2 Assurances des corps de véhicules maritimes. (Bateau, navire, bac, yacht etc.…)

2-3. Assurance de responsabilité civile résultant de l'emploi des véhicules aériens et maritimes.

3. Assurance contre l'incendie et les éléments naturels :

Tout dommage subi par les biens (autres que les biens compris dans les sous-catégories 1-2, 2-1 et 2-2) lorsqu'il est causé par l'incendie, la tempête ou tout autre élément naturel tel que le typhon, le cyclone, l'orage, l'ouragan, le séisme, l'éruption volcanique etc...

4. Assurance Construction :

4-1. Assurance de la responsabilité civile des intervenants dans la construction. :

Le maître de l'ouvrage doit assurer, auprès d'une entreprise d'assurance, la responsabilité de tous les intervenants mentionnés à l'article premier de la loi relative à la responsabilité et au contrôle technique dans le domaine de la construction et ce en vertu d'un contrat d'assurance unique par chantier souscrit avant l'ouverture du chantier. Le chantier est un espace risqué dont on peut engendre des accidents corporels et matériels donc le maitre de l'ouvrage doit assurer tous les intervenants. Cette assurance est limitée dans l'espace du chantier et dans le temps des travaux.

4-2. Assurance des dommages aux ouvrages :

Concerne la construction appelée ouvrage contre toute fissure ou écroulement ou toute atteinte à son intégrité d'une façon accidentelle ou intentionnée tel que les fautes techniques ou les éléments exogènes (inondation, séisme etc.).

De même, cette assurance est limitée dans l'espace du chantier et dans le temps des travaux

5. Assurances d e responsabilité civile générale[1] :

Toute responsabilité civile autre que celles mentionnées dans les sous catégories 1-1, 2-3 et 4-1.

6. Assurances des risques agricoles :

Vise à couvrir les agriculteurs contre quelques risques de leur métier

6-1 Assurance contre la grêle :

Précipitation sous forme de grains de glace ou grêlons d'un diamètre moyen de 0,5 à 2 cm, accompagnant parfois les orages. Elle est de nature à détruire les récoltes voire même les arbres et toute sorte de cultivation ? En Tunisie c'est l'ennemi majeur des agriculteurs des pomme dans la région de *Kasserine* et surtout *Sbiba* où presque chaque année une partie importante de la récolte de pomme de haute qualité est détruite à cause de la grêle.

6-2 Assurance contre la mortalité du bétail :

En Tunisie, les risques contre lesquels les différentes espèces d'animaux sont garanties :

- **L'espèce bovine** laitière de 6 mois à 10 ans, chevaline et asine de 6 mois à 13 ans et l'espèce mulassière de 6 mois à 15 ans et l'espèce cameline l'assurance tunisienne garantit ces espèces désignées aux

[1] Cf. SECTION II Paragraphe II de ce même chapitre

conditions particulières, durant une année ferme, contre : Mortalité d'ordre naturelle ou accidentelle du cheptel ; Mortalité survenue 08 jours après naissance ; Avortement 07 mois de gestation ; Mortinatalité ; Abattage d'urgence

- **Taurillon d'engraissement** âgés de 6 mois à 5 ans, l'assurance tunisienne garantit les taurillons d'engraissement âgés de 6 mois à 5 ans durant 6 mois, contre les risques suivants : Mortalité d'ordre naturelle ou accidentelle ; Abattage d'urgence.
- **L'espèce ovine et caprine**, l'assurance tunisienne garantit contre les risques suivants : Mortalité d'ordre naturelle ou accidentelle ; Abattage d'urgence ; Avec le transport du cheptel comme extension de garantie
- **L'espèce volailles** : C'est un risque très délicat vue la spécificité de l'élevage avicole qui est hors-sol (élevage industriel) dont les risques garantis sont multiples (d'ordre naturel ou accidentel). Soit une multirisque qui touche les élevages des poulets et des dindes pour les différentes catégories : chair, pondeuse, et reproducteur où la durée du contrat, le tarif et la modalité de remboursement sont variables selon la nature de l'élevage.

6-3 Assurance contre l'incendie des récoltes :

Peu d'agriculteurs tunisiens souscrivent une police d'assurance pour protéger leur exploitation. Très récemment, des centaines d'hectares de céréales ont été la proie des flammes.

Malgré la redondance de ce type de sinistre en début de période estivale, peu d'exploitants agricoles souscrivent une assurance pour protéger leurs biens et récoltes. Sur les

500 000 agriculteurs que compte la Tunisie, seuls 7,75% d'entre eux sont assurés.[1]

6-4 Assurance des cultures sous serres :

En Tunisie, l'objet de la garantie du contrat d'assurances « multirisques serres »est les serres couvertes en verres ou plastiques ainsi que leurs équipements à l'exclusion des serres dont les verres ont une épaisseur inférieure à 2 mm ;Les bâtiments de chaufferie et bâtiments annexes ; Les installations fixes et agencements dans les serres et bâtiments assuré ;Les installations de chauffage, de climatisation et les générateurs de gaz ; Les citernes de carburants et leur contenu ;Les plantes cultivées sous les serres ;Le matériel utilisé pour les cultures sous serres pour autant que ces cultures soient assurées.

En Tunisie, on garantit les serres contre : La grêle, l'incendie, la foudre ; La congélation de la neige et/ou de l'eau retenue par les constructions, provoquant à la suite d'un abaissement de température, l'éclatement des surfaces vitrées ; Les explosions et les dommages matériels causés par les explosions de toutes natures consécutives, c'est-à-dire toute action subite et violente de la pression ou la dépression de gaz ou de vapeurs, La chute d'aéronefs et dépassement du mur du son ; La neige et l'accumulation des flocons de neige entraînant un effondrement partiel ou total de la construction ;Les

[1] Atlas Magazine, l'actualité de l'assurance dans le monde. N°183, juillet 2021

dommages qui peuvent avoir lieu suite à la tempête de vent (ne dépassant pas les 80km/h) sous toutes ses formes ou suite aux dégâts causés par la tempête dans un rayon de 5km autour du lieu du risque assuré.

6-5 Assurance de la responsabilité civile de l'agriculteur autre que celles prévues dans les sous-catégories 1-1, 2-3, 4-1 et 5 :

La responsabilité civile de l'agriculteur permet d'être couvert contre les conséquences pécuniaires de la responsabilité civile que l'agriculteur peut encourir en raison des dommages corporels, matériels et immatériels causés aux tiers suite à un accident résultant de l'activité de son exploitation agricole.

6-6 Assurance sur corps de navire de pêche :

En Tunisie l'assurance « corps navire de pêche » couvre les risques suivants : Tous les dommages et pertes qui arrivent au navire assuré par tempête, naufrage, échouement, abordage, jet, feu, explosion pillage et généralement tous les accidents, évènements ou fortunes de mer, ainsi que la perte totale et délaissement qui couvre l'armement spécial et le matériel de pêche.

7. Assurances des autres dommages aux biens :

Tout dommage subi par les biens autres que ceux compris dans les catégories 1, 2, 3, 4 et 6. Cette catégorie donne une liberté relative aux assureurs de monter des produits pour satisfaire les nouveaux besoins de leur clientèle

8. Assurance- Crédit et Assurance Caution :

8-1. Assurance des crédits à l'exportation :

L'assurance-crédit à l'export protège un fournisseur contre le risque de non-paiement par un acheteur étranger. L'assurance couvre généralement les risques commerciaux tels que l'insolvabilité, la faillite ou le défaut de paiement de l'acheteur. Elle couvre également certains risques politiques, notamment la guerre, le terrorisme, les émeutes, la révolution, l'inconvertibilité des devises, l'expropriation et les modifications des réglementations en matière d'importation ou d'exportation. Les vendeurs sont ainsi protégés contre des éléments qui sont à la fois sous le contrôle de l'acheteur et hors de son contrôle.

8-2. Assurances des autres crédits :

Il s'agit d'une assurance vie qui garantit le remboursement des sommes restant dues à la banque, dans le cadre des crédits à la consommation, en cas de survenance de décès ou d'invalidité du client assuré.

8-3. Assurances Caution :

Le « cautionnement » est une sûreté personnelle par laquelle une personne nommée « la caution » s'engage à l'égard d'une troisième dite « le bénéficiaire du cautionnement » à payer la dette du débiteur principal dite « la personne cautionnée », pour le cas où cette dernière faillirait à ses engagements. Une confusion est souvent commise, qui consiste à dénommer le contrat « une caution » au lieu de « cautionnement ». C'est un vocabulaire emprunté à certains praticiens de l'immobilier qu'il est préférable de ne pas imiter : le cautionnement c'est le nom du contrat, la caution est la personne qui se porte garante. La caution peut être une personne physique, une banque, une compagnie d'assurances ou un établissement financier.

9. Assurance-Assistance :

Assister quelqu'un c'est venir à son aide sous plusieurs formes, la plus répandue en Tunisie c'est l'assistance Automobile alors qu'il existe plusieurs autres formes tel que l'assistance médicale, pédagogique, sociale, des vieillards, le dépannage (incidents mécaniques ou électriques mineurs) ;

Le transport ou remorquage du véhicule en cas de panne ou d'accident ; La prise en charge des personnes transportées : séjour et déplacement des voyageurs en cas d'accident ou panne du véhicule ainsi que l'assistance médicale.

10. Assurance protection juridique :

Prise en charge des frais de procédure en défense ou en recours devant les tribunaux et c'est une assurance facultative sous la rubrique automobile qu'on appelle l'assurance Défense Recours (D&R).

La protection juridique correspond à l'assistance apportée au bénéficiaire de l'assurance dans le cadre d'un litige en justice. Incluant généralement une prise en charge financière, l'assurance protection juridique permet aussi d'être conseillé et d'être informé sur ses droits et ses intérêts. Destinés aux particuliers, les contrats d'assurance de protection juridique s'adressent aussi aux entreprises.

11. Assurance contre les pertes pécuniaires diverses :

Assurance à montage libre entre assuré et assureur et qui peut porter sur la garantie d'un chiffre d'affaires constant quel que soit le motif de la chute tel que les travaux d'infrastructure etc.

12. Assurance de Groupe :

L'assurance groupe est un contrat d'assurance souscrit par l'employeur pour les salariés. Avec une assurance groupe, l'employeur économise pour la pension complémentaire des employés. Cette assurance est l'un des principaux avantages extra-légaux pour un employé.

C'est une assurance libre entre contractant exigeant une seule condition à savoir que le groupe d'assuré soit homogène sur une seule CSP (catégorie socio professionnelle CSP)

13. Assurance sur la vie et la capitalisation :

13-1. Assurance sur la vie :

Toute opération comportant des engagements dont l'exécution dépend de la durée de la vie humaine et comporte :

Les assurances en cas de vie :

Produits visant à constituer une épargne. Ce type de contrat prévoit le versement d'un capital à l'assuré s'il était en vie au terme du contrat. Ils peuvent être assortis d'une « contre-assurance » permettant aux ayants droit de récupérer les primes payées en cas de décès de l'assuré avant le terme. Cette catégorie regroupe les formules d'assurances suivantes :

- **L'assurance de capital différé** : Ce contrat garantit le versement d'un capital à son terme si l'assuré est en vie à cette date. Selon les contrats, les primes pourront donner lieu à des versements périodiques ou un versement unique.
- **La rente viagère différée** : En vertu de ces contrats, l'assuré bénéficie de rentes à partir d'une date fixée au contrat et qui cessent avec le décès du rentier contre le paiement d'une prime unique ou de primes périodiques. L'assuré peut également bénéficier de rentes viagères immédiates et auquel cas, elles seront versées dès la prise d'effet du contrat et contre le paiement d'une prime unique.

- **Les assurances en cas de décès :**

Souscrite dans un but de prévoyance, l'assurance décès couvre les conséquences financières du risque de disparition prématurée de l'assuré, elle permet ainsi de couvrir les crédits bancaires, protéger la famille ou encore fournir des rentes scolaires au profit des enfants. L'assureur s'engage alors à verser un capital ou une rente aux bénéficiaires désignés en cas de décès de l'assuré pendant la durée du contrat, ou ses ayants droit. Parmi les contrats d'assurance en cas de décès, on distingue les variantes suivantes :

- **L'assurance temporaire décès** : Son objet est le versement au bénéficiaire d'un capital ou d'une rente si l'assuré décède pendant la durée du contrat, et ce contre le paiement d'une prime unique ou de primes périodiques.

- **L'assurance vie entière** : Elle prévoit le versement d'un capital ou d'une rente prédéterminée au bénéficiaire quel que soit la date du décès de l'assuré contre le paiement d'une prime unique ou de primes périodiques.

- **Les assurances mixtes :**

Les contrats mixtes sont en quelque sorte une combinaison des contrats précédemment évoqués. Ils allient à la fois l'objectif épargne et l'objectif prévoyance, c'est-à-dire qu'ils assurent la couverture du risque décès et le versement d'un capital en cas de vie. Cependant, ces deux opérations ne sont pas cumulatives et la compagnie d'assurance ne sera appelée à honorer ses engagements qu'une seule fois. Cette catégorie regroupe :

- **L'assurance mixte ordinaire** : Un capital sera versé soit au décès de l'assuré si celui-ci intervient avant le terme du contrat, soit à l'échéance si l'assuré est vivant à cette date.

- **L'assurance mixte à terme fixe** : Dans ce type de contrat, l'assureur devra verser un capital à une date fixée au contrat. Ce capital sera perçu par l'assuré s'il est en vie, ou par les bénéficiaires désignés en cas de décès.

- **L'assurance combinée** : Il s'agit d'une assurance mixte à terme fixe pour laquelle, les garanties vie et décès sont inégales.

- **La vie universelle** : Elle consiste à proposer au sein d'un même contrat des prestations financières de type épargne et une garantie décès optionnels.

13-2. La capitalisation :

Toute opération d'appel à l'épargne en vue de la capitalisation et comportant en échange de versements uniques ou périodiques, des engagements déterminés quant à leur durée et à leur montant. Les contrats d'assurance capitalisation sont de purs produits financiers semblables au mécanisme de l'épargne bancaire dans la mesure où, techniquement, ils ne se basent pas sur les probabilités de décès ou de survie. Ainsi, les primes versées déterminent le capital final. Ces produits peuvent être :

- **Libellés en unités monétaires** : c'est-à-dire que les garanties du contrat sont des montants monétaires et auquel cas le seul risque supporté par l'assureur sera le risque de taux.
- **Libellés en unités de compte** : c'est-à-dire que les garanties du contrat sont des valeurs mobilières (actions, obligations …) sachant que le risque de perte sera supporté par l'assuré.

14. Assurance contre les accidents du travail et les maladies professionnelles :

Assurance limitée dans le temps et dans l'espace du travail et nécessite une expertise pour approuver la nature des accidents ou des maladies

L'accident du travail "Est considéré comme accident du travail, quelle qu'en soit la cause ou le lieu de survenance, l'accident survenu par le fait ou à l'occasion du travail, à tout travailleur quand il est au service d'un ou de plusieurs employeurs. Est également considéré comme accident du travail, l'accident survenu au travailleur alors qu'il se déplaçait entre le lieu de son travail et le lieu de sa résidence pourvu que le parcours n'ait pas été interrompu ou détourné par un motif dicté par son intérêt personnel ou sans rapport avec son activité professionnelle." [1]

Une maladie professionnelle est toute manifestation morbide, infection microbienne ou affection dont l'origine est imputable par résomption à l'activité professionnelle de la victime. Il est très difficile de donner une définition plus précise, tant les formes cliniques de ces maladies ne se différent pas des formes sans exposition professionnelle. C'est pour cela qu'ont été définies les maladies professionnelles indemnisables. C'est une maladie professionnelle reconnue comme telle par un régime de couverture sociale et réparée par la suite comme un accident du travail. Les victimes des accidents du travail et des maladies professionnelles ont droit :

- A la prestation des soins que requiert leur état
- A une indemnité journalière pour perte de salaires
- Lorsqu'il subsiste, après guérison, une incapacité de travail permanente, la prestation des appareils de prothèse ou d'orthopédie nécessaires, s'il y a lieu, et si l'incapacité le justifie, et une réparation en espèces sous forme d'une rente réversible aux ayants droit en cas de décès de la victime.
- Lorsque l'accident est suivi de mort, il est versé à ses

---

[1] Code de la Sécurité Sociale. Article 3. P 101

ayants droit une indemnité de frais funéraires équivalent au salaire d'un mois. Le montant de cette indemnité ne peut être inférieur au SMIG correspondant à une durée de travail de 200 heures et varie d'une compagnie à une autre.

15. Assurance contre les accidents corporels :

Autres accidents que ceux mentionnés à la catégorie 14 y compris les accidents des personnes transportées. Donc assurance limitée dans le temps et dans l'espace hors travail.

Par cette catégorie, l'assureur s'engage à payer les capitaux et les indemnités fixés dans les conditions particulières, en cas de décès, d'incapacité permanente ou d'incapacité temporaire de l'assuré, et éventuellement, à rembourser les frais de traitement engagés par ce dernier et ce, à la suite d'un accident survenu dans l'exercice de sa profession déclarée à l'assureur, ou au cours de sa vie privée :

- **La garantie décès :**

L'assureur s'engage à verser aux bénéficiaires, en cas de décès, le capital stipulé aux Conditions Particulières, sous réserve que le décès soit survenu au plus tard dans les dix-huit mois qui suivent la date de l'accident qui en a été la cause.

- **La garantie invalidité totale ou partielle permanente :**

L'assureur s'engage à verser, à l'assuré victime, le capital obtenu en multipliant le capital stipulé aux Conditions Particulières par le taux d'incapacité subi par l'assuré et ce, conformément au barème d'incapacité faisant partie intégrante du présent contrat.

- **L'incapacité temporaire :**

En cas d'incapacité temporaire de l'assuré, le mettant dans l'impossibilité de se livrer à ses occupations professionnelles ou de s'occuper de la gestion de ses affaires, l'assureur lui verse une indemnité journalière, dont les bases de décompte, le montant ainsi que la franchise sont indiqués aux Conditions Particulières.

L'indemnité journalière est servie pour une durée maximum de trois cent (300) jours.

L'indemnité cesse d'être due dès que l'assuré est en mesure de reprendre ses occupations ou dès la consolidation médicale de son état de santé.

- **Les frais de traitement :**

Moyennant stipulation aux conditions particulières, l'assureur remboursera, dans les limites et selon les modalités y indiquées, les frais de transport par ambulance et les frais de traitement (frais médicaux, pharmaceutiques, chirurgicaux, hospitalisation), directement et exclusivement nécessités par un accident garanti.

Le montant des dépenses prises en charge par l'assureur, ne pourra dépasser celui des débours réels (définitivement fixé au jour de la consolidation de l'état d'incapacité permanente de l'assuré), restant à la charge de ce dernier après déduction, s'il y a lieu, des prestations de même nature versées par la sécurité sociale ou tout autre régime de prévoyance collective, ou reçues en exécution d'un autre contrat d'assurance souscrit antérieurement au présent contrat.

- **L'assurance recours :**

Moyennant stipulation aux Conditions Particulières, l'assureur s'engage, en cas décès ou d'incapacité permanente de l'assuré, résultant d'un accident garanti, à réclamer aux personnes responsables de cet accident à condition que ces personnes soient identifiées soit à l'amiable, soit judiciairement la réparation pécuniaire du préjudice éprouvé par l'assuré

16. La réassurance :

Toute opération d'acceptation en réassurance pratiquée par les entreprises d'assurances dont l'activité s'étend à d'autres catégories d'assurances.

A ne pas confonde avec la coassurance qui est une opération de répartition de risque entre les assureurs dans le cas des grands contrats tel que les contrats aéronautiques. Maritimes etc. Le contrat est signé par une seule société (appelé société apéritrice) et repartie sur les autres en pourcentage de tel sorte à éloigner le risque de faillite en cas de sinistre.

La réassurance pourrait se définir de façon simpliste comme « l'assurance des assureurs ». En réalité, il s'agit d'un contrat par lequel une société spécialisée (le réassureur ou le cessionnaire) prend en charge une partie des risques souscrits par un assureur (la cédante) auprès de ses assurés. Par cette opération, le réassureur s'engage à rembourser à l'assureur en cas de réalisation du risque, une partie des sommes versées au titre des sinistres et perçoit en contrepartie une portion des primes originales versées par le ou les assurés.

Le réassureur ne traite en principe qu'avec des assureurs, c'est pour cette raison que cette activité est souvent méconnue du grand public

REFERENCES :

[1] Article 39 du code de l'IRPP et l'IS.

[2] Article 38 du code de l'IRPP.

[3] Article 38 du code de l'IRPP et l'IS.

[4] Article 54 du code de droit d'enregistrement et du timbre.

[5] Loi n° 92-24 du 9 mars 1992, portant promulgation du code des assurances

[6] Circulaire du ministre des finances N°1/2018 du 31 janvier 2018 relatif au tarif d'assurance frontière.

[7] Circulaire n°1/2017 du 28 février portant fixation du tarif de l'assurance de la responsabilité civile du fait de l'usage des véhicules terrestres à moteur.

[8] Circulaire du ministre des finances N°2/2015 relatif au tarif de l'assurance frontière.

[9] Circulaire n° 258 de 2010 fixant les conditions et les modalités d'élaboration des rapports des commissaires aux comptes des Sociétés d'assurance et de réassurance adressés au CGA.

[10] Code de la Sécurité Sociale. Article 3. P 101 .

[11] Atlas Magazine, l'actualité de l'assurance dans le monde. N°183, juillet 2021.

[12] Le Code des Obligations et des Contrats. Article 83.P

218.

[13] Dr.Boudjellal Mohammed.(2005).Les assurances dans un système islamique, Ed Bréal Amazon ; 3ème édition; 2005 . P62.

[14] Rapport annuel du secteur des assurances 2020.CGA (Comité Générale des Assurances).

https://www.cga.gov.tn/

https://www.ftusanet.org/

http://www.finances.gov.tn/

http://www.ffa-assurance.fr

https://www.euro-assurance.com

https://www.larousse.fr/dictionnaires/francais

CHAPITRE 2 : Fonctionnement du système Bonus-Malus

Le système Bonus-Malus a été adopté le 1er janvier 1992, et appliqué le 1er janvier 1993 en vertu de la circulaire 3/91 du 17 août 1991 du ministère des Finances, Le système bonus-malus n'est applicable qu'aux véhicules relevant de l'usage « privé » ou « affaire ». La prime d'assurance varie à chaque échéance principale du contrat. Elle est déterminée en multipliant la prime de base pour la responsabilité civile (fixée par le ministère des Finances selon la puissance de la voiture) hors taxes par un coefficient de réduction ou de majoration fixé.

La moralité de ce système est d'encourager les « bons » conducteurs (Bonus) et de pénaliser les « mauvais » conducteurs (Malus)

La décision du ministre des finances du 08 Mai 2019 (**Annexe 2**) relative à la fixation du système "Bonus-Malus" du tarif de l'assurance responsabilité civile des propriétaires des véhicules terrestres à moteur présente 16 articles dont on va commenter et illustrer successivement pour appréhender exhaustivement les détails de ce système :

SECTION I : Le système Bonus-Malus :

I. Caractéristiques du système Bonus-Malus :

Le système Bonus-Malus s'applique sur la prime ou le droit d'adhésion hors taxe relatifs à la responsabilité civile résultant de l'utilisation de véhicules à moteur terrestres et ce pour toutes les utilisations, à l'exception des motocyclettes. On remarque alors que les motocycles avec leurs classification « gros » et « petit » cylindré sont non soumis à ce système c'est à dire la sixième catégorie définie par la Circulaire du Ministre des Finances n ° 1/2017 du 28 Février 2017 relative à la fixation des tarifs de l'assurance responsabilité civile des propriétaires de véhicules terrestres à moteur.

Une Centrale des risques est créée au niveau du CGA en vue de collecter, traiter et archiver les données que les compagnies d'assurance sont tenues de lui transmettre conformément aux conditions et modalités fixées par le CGA.

La Centrale des risques automobile (CRBM) est une plateforme chargée de gérer le système bonus-malus et de suivre son application par toutes les compagnies d'assurance tunisiennes. Elle réunit les données relatives aux automobiles assurées et aux sinistres. Assureurs, intermédiaires et représentants commerciaux appliqueront les taux d'augmentation et de réduction des primes à partir des données collectées par la centrale. Le système est mis en application le 1er avril 2019.

Une cellule de suivi a été également mise en place. Un réseau national assure la connexion de tous les intervenants de l'assurance tunisiens sous l'égide du Comité Général des Assurances (CGA).

Les sociétés d'assurance sont tenues d'appliquer le système « Bonus-Malus », administré au niveau de la Centrale des risques, et ce conformément aux prescriptions de la présente décision. Les sociétés d'assurances à se conformer aux détails de cette circulaire mais dans la pratique plusieurs infractions peuvent être mentionnées notamment lorsque l'assuré change d'une société à une autre (le certificat bonus-malus)

Le système « Malus » s'applique à tous les sinistres dans lesquels la responsabilité de l'assuré est entièrement ou partiellement imputée. Dans le cas où l'évaluation de la responsabilité du sinistre ou du classement de l'assuré dans les classes du barème du système « Bonus-Malus » est erronée, la situation est corrigée au terme des échéances annuelles des contrats.

Dans le même sens des intérêts des sociétés des assurances cet article met en cause les deux parties de l'accident l'opprimé et l'oppressif et les deux ils se voient infliger un Malus puisqu'ils sont « partiellement responsables » Même si la classification et exagérée le client ne peut pas corriger la situation qu'à l'échéance du contrat.

II. Les taux de la prime :

Le niveau tarifaire de la prime est fixé selon les deux échelles, les classes et les pourcentages suivants :

1. Échelle du système "Bonus-Malus" appliqué à l'usage affaire :

Classe	% de la prime d'assurance
11	350 %
10	300 %
09	250 %
08	200 %
07	160 %
06	140 %
05	120 %
04	100 %
03	90 %
02	80 %
01	70 %

Tableau 1 : Échelle du système "Bonus-Malus" appliqué à l'usage affaire

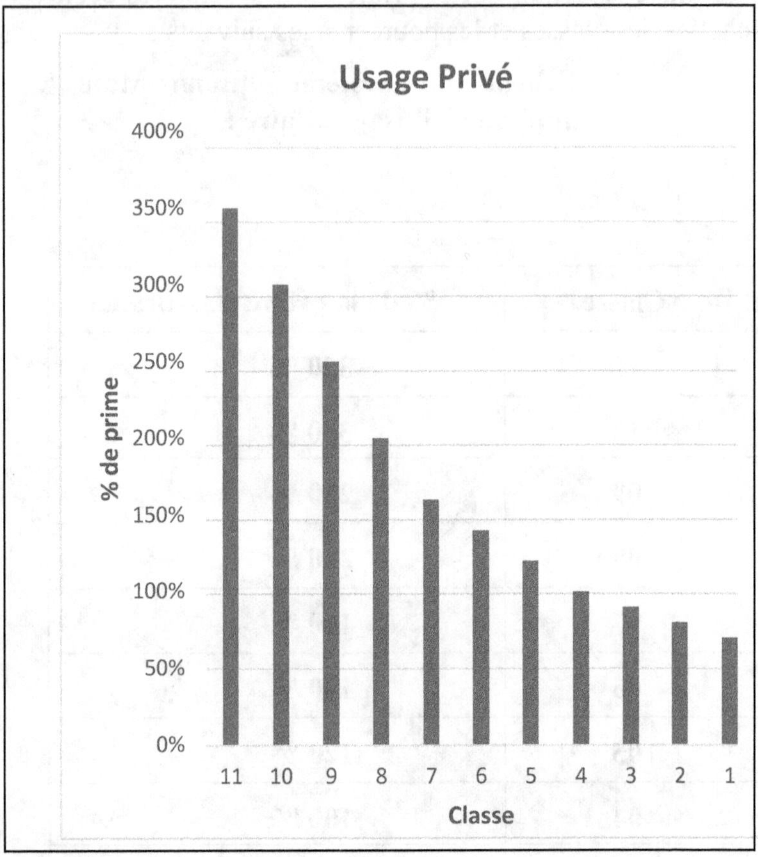

Figure 8: BONUS MALUS usage privé

2. Échelle du système "Bonus-Malus" autres usages :

Classe	% de la prime d'assurance
07	200 %
06	170 %
05	150 %
04	120 %
03	100 %
02	90 %
01	80 %

Tableau 2 : Échelle du système "Bonus-Malus" appliqué aux autres l'usages

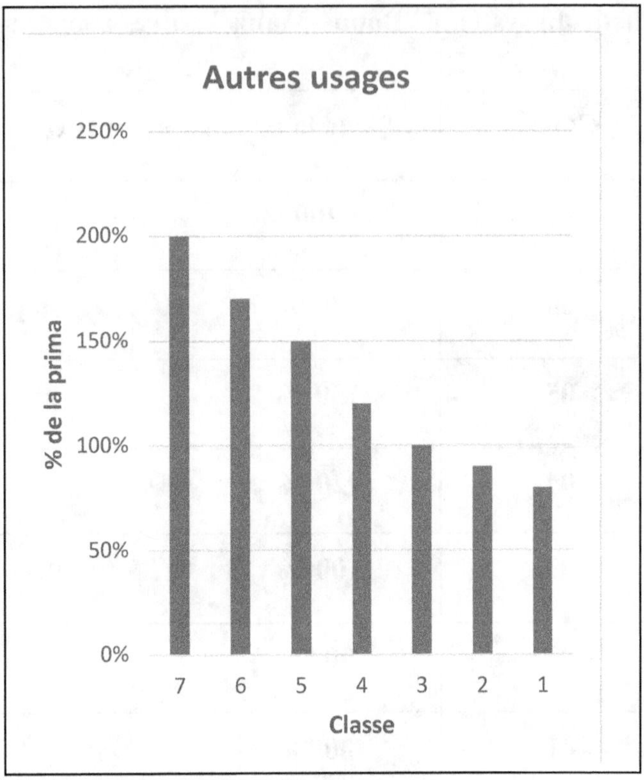

Figure 9:BONUS MALUS autres usages

L'échelle autre usage ne comporte que sept classes seulement par rapport à l'échelle usage privé qui comporte quatre classes de plus. Cette discrimination est largement en faveur des professionnels et au détriment des simples citoyens qui sont infligés une borne extrême de 350% (classe 11) soit trois fois et demi la prime fixée alors que les professionnels se voient une borne extrême de 200 % soit deux fois la prime.

La seule explication qui parait plausible à cet égard, c'est le pouvoir syndicale accru des professionnels et la nature sensible et idiosyncrasique de leurs activités (Transport, Taxis, Louages etc.) ce qui rend leur pouvoir de pression et de négociation gigantesque vis-à-vis les autorités compétentes et les compagnies d'assurances

Les pourcentages susmentionnés, sont applicables à partir d'avril 2007, avant cette date un autre barème été en vigueur présenté par le tableau suivant :

Classe	Taux de la prime par rapport à la prime de base (100) en hors taxe	Classe	Taux de la prime par rapport à la prime de base (100) en hors taxe
17	200%	8	95%
16	160%	7	90%
15	140%	6	85%
14	130%	5	80%
13	120%	4	75%
12	115%	3	70%
11	110%	2	65%
10	105%	1	60%
9	**100%** (prime promulguée par le ministère des finances)		

Tableau 3:Barème avant 2007

Une simple comparaison entre les deux systèmes peut affirmer illico que la grille de 2007, en vigueur actuellement, vient en faveur des sociétés des assurance au détriment des intérêts des clients en effet :

- ✓ La borne maximale (classe 17) est plafonnée à **deux fois la prime** est remplacée par la classe 11, facilement atteint, **trois fois et demi** la prime.
- ✓ La borne minimale (classe 01) est plafonnée à **60%** est remplacée par la classe 01, à **70%** comme limite inferieur maximale pouvant être atteint par

un bon conducteur toute sa vie donc une remise de **30%** alors qu'un mauvais conducteur se verra infliger un Malus de **250 %** de la prime de base

- ✓ A partir de la classe 04 (100 %) les **Bonus** marginaux sont respectivement **10% ,10% et 10%** alors que les **Malus** marginaux sont respectivement **20%, 20%, 20%, 50%, 50% et 50%.**

III. Principes de fonctionnement :

Les assurés qui ne sont pas inscrits sur la centrale des risques sont classés dans **la classe 8** de l'échelle applicable à l'usage personnel et dans **la classe 5** de l'échelle appliquée aux autres usages (nouveau conducteur ou contractant **NC**). S'ils n'occasionnent pas de sinistres pendant **02 ans** consécutifs, ils seront reclassés dans **la classe 4** de l'échelle applicable à l'usage affaire et **la classe 3** de l'échelle appliquée au reste des usages (« **Super Bonus** » **SB**). Le terme « assuré » désigne le propriétaire du véhicule, qu'il s'agisse d'une personne physique ou morale, ainsi que le loueur d'un véhicule acquis en leasing.

Pour les personnes qui bénéficient de voitures de **fonctions** ou de **service** à usage personnel, elles sont classées dans **la classe 4** de l'échelle applicable à l'usage affaire et **la classe 3** de l'échelle appliquée au **reste des usages** à condition qu'elles soient munies d'attestations y afférentes délivrées par les services administratifs compétents. Pour l'application du système « Bonus-Malus », une période de **12 mois** consécutifs précédant deux mois l'échéance annuelle du contrat est prise en considération. En cas de suspension de la validité du contrat pour une raison quelconque, les taux de Bonus ou Malus applicables pendant la période de validité du contrat demeurent acquis à l'assuré lors de la remise en vigueur du contrat.

La transition entre les différentes classes de l'échelle du système « Bonus- Malus » se fait comme suit :

- **Descendre d'une classe** à condition de ne pas commettre un sinistre pendant **deux années consécutives** (Bonus).
- **Monter d'une** classe pour chaque sinistre ayant entraîné des dommages purement **matériels (Accident Matériel AM)**.(Malus)
- **Monter de 02 classes** pour chaque sinistre commis au cours de la **même année** et ayant occasionné des dommages corporels (**Accident corporel AC**) nonobstant il y'a eu des dommages matériels ou non et de **03 classes** pour chaque sinistre **supplémentaire** ayant occasionné des dommages corporels nonobstant il y'a eu des dommages matériels ou non.

Les principes de fonctionnement sont largement en faveurs des sociétés puisque l'équilibre entre Bonus et Malus demeure inexistant. En effet un bon conducteur doit passer **deux années consécutives** sans commettre aucun accident pour bénéficier d'une classe de réduction (10%), alors qu'il suffit d'un seul accident pour s'infliger un Malus équivalent à quatre années de bonne conduite (de 20 à 50%). En cas de récidive dans la même année on s'inflige un Malus gigantesque évaluer dix années de bonne conduite.

- En cas de changement de véhicule, l'assuré conserve le même classement dans l'échelle du système « Bonus-Malus ».

  Ce principe permet au client de rester dans la même classe en changeant sa voiture ce qui permet d'affirmer que la classe est une évaluation **personnelle** du conducteur et sa conduite **quel que soit la voiture qu'il utilise**.

- Dans le cas où un ou plusieurs véhicules supplémentaires sont acquis, l'assuré est classé par la Centrale dans **la classe 04** de l'échelle applicable à l'usage affaire et dans **la classe 03** de l'échelle applicable au reste des usages, pour les véhicules supplémentaires.

Une ou plusieurs véhicules supplémentaires ne suivent pas leur propriétaire et sont remis illico à la **classe 04 (100 %)** indépendamment qu'il est un bon ou mauvais conducteur. Ceci contredit la moralité et la philosophie de tout le système qui attribut la classe en fonction du conducteur et non pas la voiture.

- Les assurés classés dans les classes 01 à 07 conservent le même classement en cas de changement d'utilisation du véhicule de l'usage affaire à d'autres usages. Pour les assurés classés dans les sections 08 à 11, ils sont reclassés dans la classe 07.

- Les assurés contractuels avant avril 2007 (ancien système 17 classes) sont reclasser selon les règles suivantes :

Nouvelle classe d'assurance	Taux de la prime	Transition
11	% 350	-
10	% 300	-
09	% 250	-
08	% 200	17
07	% 160	16
06	% 140	15 + 14
05	% 120	13 + 12 + 11
04	% 100	10 +09
03	% 90	08 + 07
02	% 80	06 +05
01	% 70	04 + 03 +02 +01

Tableau 4 : Transition usage affaire après 2007

- Le passage l'usage affaire à d'autres usages se fait selon les règles suivantes :

Nouvelle classe d'assurance	Taux de la prime	Transition
07	200 %	11
07	200 %	10
07	200 %	09
07	200 %	08
07	200 %	07
06	170 %	06
05	150 %	05
04	120 %	04
03	100 %	03
02	90 %	02
01	80 %	01

Tableau 5 : Passage l'usage affaire à d'autres usages

- Dans le cas où l'utilisation du véhicule est modifiée pour l'usage affaire, l'assuré conserve la même classe dans la nouvelle échelle. Le passage inverse c'est-à-dire d'autres usages à l'usage affaire se fait selon les règles suivantes :

Nouvelle classe d'assurance	**Taux de la prime**	**Transition**
11	**% 350**	**-**
10	**% 300**	**-**
09	**% 250**	**-**
08	**% 200**	**-**
07	**% 160**	**07**
06	**% 140**	**06**
05	**% 120**	**05**
04	**% 100**	**04**
03	**% 90**	**03**
02	**% 80**	**02**
01	**% 70**	**01**

Tableau 6: Passage d'autres usages à l'usage affaire

Remarques importantes :

- Le reclassement dans la même classe ne veut dire en aucun cas garder le même taux et nul ne peut se prévaloir le droit de garder le taux qui lui est bénéfique.la transition se fait au risque et péril des deux parties.

- Lorsque l'assuré demande à obtenir le relevé de son classement dans le système « Bonus-Malus », les sociétés d'assurance et leurs intermédiaires agréés doivent fournir sans délai le document requis à partir de la Centrale des risques. En réalité ce certificat ou relevé du classement prend plusieurs jours pour être délivré. Les sociétés d'assurance et leurs intermédiaires agréés ne peuvent pas accepter les relevés de classement émis par les sociétés d'assurance étrangères. L'assuré est classé dans **la classe 08** de l'échelle applicable à l'usage affaire et **la classe 05** de l'échelle appliquée au reste des usages. La non reconnaissance internationale des système Bonus-Malus étrangers va de même pour celui de la Tunisie. Tous les visiteurs motorisés sont imputés automatiquement au **taux 200 %** et les professionnels au **taux 150 %.**

- Pour les contrats d'assurance d'une flotte automobile appartenant au même souscripteur du contrat d'assurance, il est appliqué à chacun des véhicules séparément le système « Bonus-Malus » selon les règles suivantes :
  - Dans le cas où un contrat d'assurance précédent n'a pas été souscrit, le premier

véhicule est classé dans **la classe 08** de l'échelle applicable à l'usage affaire ou **05** de l'échelle applicable au reste des usages et le classement des véhicules supplémentaires dans **la classe 04** de l'échelle appliquée à l'usage affaire et **03** de l'échelle applicable au reste des usages ;

Le premier véhicule de la nouvelle flotte est considéré comme le nouveau conducteur affecté directement à la classe **08 /05 (200% / 150%)** et le reste sera classé **04/03 (100% / 90%)**.

- Dans le cas d'une souscription préalable d'un contrat d'assurance, chaque véhicule appartenant à la flotte est classé selon la classe déterminée par la centrale des risques et le classement des véhicules supplémentaires dans **la classe 04** de l'échelle applicable à l'usage affaire et **03** de l'échelle applicable au reste des usages.

Une ancienne flotte va garder les mêmes classes atteintes ce qui n'est pas le cas pour des véhicules supplémentaires qui seront classés **04/03 (100% / 90%).**

- L'assuré qui souscrit un contrat d'assurance temporaire de moins d'un an est classé dans **la classe 08** de l'échelle appliquée à l'usage affaire et **la classe 05** de l'échelle appliquée au reste des usages, sans transférer ces contrats à la Centrale des risques. Ces types de contrats sont spécialement solliciter par les courtiers des voitures et les entreprises et les conducteurs en difficulté. Leur caractère temporaire et volatile fait la non prise en compte de leur durée et donc leurs souscripteurs seront affectés à la classe **08 /05 (200% / 150%)** et sans aucune trace à la CRBM

SECTION II : SERIE D'EXERCICES D'ILLUSTRATION

Exercice N°1 :

- **Enoncé : Mr** X a acheté une Peugeot 106 (4cv) à 8500 TND en Février 2008 la date de la souscription du contrat d'assurance.
    1. Quelle sera sa classe en 2022 s'il n'a commis aucun accident ?

- **Réponse** :

ANNEE	CLASSE	ACCIDENT	BONUS	MALUS
2008	08	00	00	00
2009	08	00	**04 SB**	00
2010	04	00	00	00
2011	04	00	01	00
2012	03	00	00	00
2013	03	00	01	00
2014	02	00	00	00
2015	02	00	01	00
2016	01	00	00	00
2017	01	00	00	00
2018	01	00	00	00
2019	01	00	00	00
2020	01	00	00	00
2021	01	00	00	00
2022	**01**	00	00	00

Donc la classe de Mr X est la classe **01** (70%) atteinte depuis 2016

NB : **SB** désigne « Super Bonus » donner au client une seule fois au début du contrat lorsqu'il passe les deux premières années sans aucun accident.

2. **2.** Quelle sera sa classe en 2022 s'il a commis un accident matériel en 2012 et deux Accidents corporels en 2015 ?

- **Réponse** :

ANNEE	CLASSE	ACCIDENT	BONUS	MALUS
2008	08	00	00	00
2009	08	00	04 **SB**	00
2010	04	00	00	00
2011	04	00	01	00
2012	03	**AM**	00	01
2013	04	00	00	00
2014	04	00	01	00
2015	03	**AC+ACR**	00	**2+3**
2016	08	00	00	00
2018	08	00	01	00
2017	07	00	00	00
2019	07	00	01	00
2020	06	00	00	00
2021	06	00	01	00
2022	**05**	00	00	00

Donc la classe de Mr X en 2022 est la classe **05** (120%).

NB : AM désigne un Accident Matériel et **AC+ACR** désigne un Accident Corporel + un Accident Corporel Récidiviste c'est à dire dans la même année

3. Même question s'il a commis trois accidents corporels en 2015 ?

- **Réponse :**

Mr x enregistre alors **AC+ACR+ACR** donc **Malus = 2+3+3 = + 08 Classes**

En 2015 il est classé 03 donc 90% en lui infligeant un Malus de 08 classes il va passer immédiatement à la classe 11 (03+08) (350%)

Le Malus en % = 350 – 90 %= 260 % > **250 %** (la limite maximale autorisée (circulaire 2/2007))

Donc il sera reclassé à la classe **10** et non pas **11** :

Le Malus en % = 300 – 90 %= 210 % < 250 % (la limite maximale autorisée)

Donc la classe de Mr X en 2022 est la classe 07 (160%) :

ANNEE	CLASSE	ACCIDENT	BONUS	MALUS
2008	08	00	00	00
2009	08	00	04 **SB**	00
2010	04	00	00	00
2011	04	00	01	00
2012	03	**AM**	00	01
2013	04	00	00	00
2014	04	00	01	00
2015	03	AC+ACR+ACR	00	**2+3+3**
2016	10	00	00	00
2017	10	00	01	00
2018	09	00	00	00
2019	09	00	01	00
2020	08	00	00	00
2021	08	00	01	00
2022	**07**	00	00	00

Exercice N°2 :

- **Enoncé :**

Mr X a acheté une Clio Classique destinée aux activités de Taxi en Avril 2017 la date de la souscription du nouveau contrat d'assurance.

1. Quelle sera sa classe en 2022 s'il n'a commis aucun accident ?

- **Réponse** :

ANNEE	CLASSE	ACCIDENT	BONUS	MALUS
2017	07	00	00	00
2018	07	00	**04 SB**	00
2019	03	00	00	00
2020	03	00	01	00
2021	02	00	00	00
2022	**02**	00	01	00

Donc la classe de Mr X en 2022 est la classe **02** (90%)

2. Quelle sera sa classe en 2022 s'il a commis un accident matériel en mai 2018 et un accident corporel en décembre 2020 ?

- **Réponse** :

ANNEE	CLASSE	ACCIDENT	BONUS	MALUS
2017	07	00	00	00
2018	07	AM	00	**01(perte de SB)**
2019	07	00	01	00
2020	06	**AC**	00	**02**
2021	07	00	00	00
2022	07	00	01	00

Donc la classe de Mr X en 2022 est la classe **07**(200%) **et** en Décembre 2022 il bénéficie d'un bonus d'une classe

NB : Un accident matériel commis dans les deux premières années provoque la perte irrévocable du « super Bonus » de quatre classes.

3. Quelle sera sa classe en 2022 s'il a commis deux accidents corporels en 2021 ?

- **Réponse :**

Mr x enregistre alors un **AC+ACR** donc un Malus **2+3 = + 05 Classes**

En 2021 il est classé 02 donc 90% en lui infligeant un Malus de 05 classes il va passer immédiatement à la classe 07 (02+05) (200%)

Le Malus en % = 200 – 90 %= 110 % > **100 % (la limite maximale autorisée** (circulaire 2/2007))

Donc il sera reclassé à la classe 06 et non pas 07 :

Le Malus en % = 170 – 90 % = 80 % < 100 % (la limite maximale autorisée)

ANNEE	CLASSE	ACCIDENT	BONUS	MALUS
2017	07	00	00	00
2018	07	00	**04 SB**	00
2019	03	00	00	00
2020	03	00	01	00
2021	02	**AC+ACR**	00	05
2022	**06**	00	00	00

Donc la classe de Mr X en 2022 est la classe **06** (170%)

Exercice N°3 :

- **Enoncé :**

  Mr X et Mr Z sont deux hauts fonctionnaires au ministère de l'agriculture nommés à leurs poste la même journée (05/05/2017) date à laquelle ils ont bénéficier de deux voitures de fonction ; Mr X possède une voiture à vocation personnelle et Mr Z une à vocation professionnelle.

  1. Quelle sera la classe de Mr X en 2022 s'il n'a commis aucun accident ?

- **Réponse** :

ANNEE	CLASSE	ACCIDENT	BONUS	MALUS
2017	04	00	00	00
2018	04	00	01	00
2019	03	00	00	00
2020	03	00	01	00
2021	02	00	00	00
2022	**02**	00	01	00

Donc la classe de Mr X en 2022 est la classe **02** (80%) donc le super bonus a été affecté dès le début de contrat sans attendre le passage de deux années.

2. Quelle sera la classe de Mr Z en 2022 s'il n'a commis aucun accident ?

- **Réponse** :

ANNEE	CLASSE	ACCIDENT	BONUS	MALUS
2017	03	00	00	00
2018	03	00	01	00
2019	02	00	00	00
2020	02	00	01	00
2021	01	00	00	00
2022	01	00	01	00

Donc la classe de Mr Z en 2022 est la classe **01** (80%) donc le super bonus a été affecté dès le début de contrat sans attendre le passage de deux années.

NB : Les personnes bénéficiant d'une voiture de fonction se voient attribuer illico le « super Bonus » sans attendre le passage des deux premières années comme les autres citoyens.

3. Quelle sera la classe de Mr X en 2022 s'il n'avait pas une voiture de fonction ? En déduire son gain.

- **Réponse** :

ANNEE	CLASSE	ACCIDENT	BONUS	MALUS
2017	08	00	00	00
2018	08	00	**04 SB**	00
2019	04	00	00	00
2020	04	00	01	00
2021	03	00	00	00
2022	**03**	00	01	00

Donc la classe de Mr X en 2022 est la classe **03** (90%). Le gain s'étale sur toute la période :

ANNEE	CLASSE AVEC VF	%	CLASSE SANS VF	%	GAIN EN % RC
2017	04	100	08	200	100
2018	04	100	08	200	100
2019	03	90	04	100	10
2020	03	90	04	100	10
2021	02	80	03	90	10
2022	**02**	80	**03**	90	10

Donc le gain total peut être estimé à 240 % de la RC (responsabilité civile fixée par la circulaire 01/2007)

4. Quelle sera la classe de Mr Z en 2022 s'il n'avait pas une voiture de fonction ? En déduire son gain.

- **Réponse** :

ANNEE	CLASSE	ACCIDENT	BONUS	MALUS
2017	07	00	00	00
2018	07	00	**04 SB**	00
2019	03	00	00	00
2020	03	00	01	00
2021	02	00	00	00
2022	**02**	00	01	00

Donc la classe de Mr Z en 2022 est la classe **02** (90%). Le gain s'étale sur toute la période :

ANNEE	CLASSE AVEC VF	%	CLASSE SANS VF	%	GAIN EN % RC
2017	03	100	07	200	100
2018	03	100	07	200	100
2019	02	90	03	100	10
2020	02	90	03	100	10
2021	01	80	02	90	10
2022	01	80	02	90	10

Donc le gain total peut être estimé à **240 %** de la RC (responsabilité civile fixée par la circulaire 01/2007). C'est le même gain que Mr X donc quel que soit la nature de leurs utilisations, les bénéficiaires de voitures de fonction bénéficient des mêmes économies en RC que les autres citoyens.

5. Quelle sera la classe de Mr Z en 2022 s'il a commis un accident corporel en Février 2018 ?

ANNEE	CLASSE	ACCIDENT	BONUS	MALUS
2017	03	00	00	00
2018	03	AC	00	02
2019	05	00	00	00
2020	05	00	01	00
2021	04	00	00	00
2022	04	00	01	00

Donc la classe de Mr Z en 2022 est la classe **04** (120%).

6. Le 05 /05/2022 Mr Z a contacté son assurance pour le renouvellement annuel il a découvert par hasard une faute d'attribution de classe après l'accident. En effet il est classé 07 depuis l'accident jusqu'à 2022.que peut-il faire pour reprendre sa vraie classe ? Sera-t-il dédommagé ?

- **Réponse :**

« *Il n'est jamais possible dans tous les cas de corriger la situation des assurés lors de la constatation de la faute infligé en leurs égard après le passage de deux années sur l'échéance annuelle après la date de l'accident* »[1]

Pour Mr Z l'accident a eu lieu en février **2018**, la date de renouvellement c'est chaque 05 mai donc la date ultime de réclamation est **05/05/2020.**Donc c'est trop tard pour lui **: Aucune possibilité de dédommagement est possible**.

Mr Z doit déposer une demande de correction de sa classification auprès de son assureur.

En cas d'une réponse favorable, le changement ne sera opérationnel qu'partir du **05/05/2023**

---

[1] La Circulaire du Ministre des Finances n ° 2/2007 du 10 mars 2007 l'article 2 paragraphe 1

Exercice N°4 :

- **Enoncé :**

  Mr X est hauts fonctionnaires au ministère de l'industrie mais il ne bénéficie pas d'une voiture de fonction ; Mr X possède une Toyota RAV4, depuis 2016, à vocation personnelle et il a décidé d'offrir à sa femme, à l'occasion de son anniversaire en 2022, une HYUNDAI GRAND i 10 neuve.

  1. Quelle sera la classe de Mr X en 2022 s'il n'a commis aucun accident ?

- **Réponse** :

ANNEE	CLASSE	ACCIDENT	BONUS	MALUS
2016	08	00	00	00
2017	08	00	**04 SB**	00
2018	04	00	00	00
2019	04	00	01	00
2020	03	00	00	00
2021	03	00	01	00
2022	02	00	00	00

Donc la classe de Mr X en 2022 est la classe **02** (80%).

2. En 2022, est-il préférable pour Mr X d'écrire la HYNDAI au nom de sa femme ou de la garder comme une deuxième voiture ?

- **Réponse :**

Mm X est une nouvelle conductrice donc elle sera affectée à la classe **08 (200 %)**, alors que s'il gade la HYUNDAI comme voiture supplémentaire, elle sera affectée à la classe **04 (100 %).**

3. Calculer les pertes ou les gains en % RCHT pour les deux décisions en supposons que sa femme ne fait aucun accident.

- **Réponse :**

ANNEE	CLASSE AVEC Mme X	%	CLASSE avec V supp	%	GAIN OU PERTE EN % RC
2022	08	200	04	100	100
2023	08	200	04	100	100
2024	04	100	03	90	10
2025	04	100	03	90	10
2026	03	90	02	80	10
2027	03	90	02	80	10
2028	02	80	01	70	10
2029	02	80	01	70	10
2030	**01**	**70**	**01**	**70**	**00**

$$\sum_{i=2022}^{n=2030} \frac{G}{P} = 100 + 100 + 10 + 10 + 10 + 10 + 10 + 10 = 260\%$$

Si Mr X choisit de mettre la voiture sous la propriété de sa femme il va **perdre théoriquement 260 %** de la valeurs RCHT sur huit ans. Ce n'est qu'à la neuvième année (2030) que les deux politiques deviennent équivoques (classe 01).

Inversement, si Mr X choisit de mettre la voiture sous sa propriété cad une voiture supplémentaire il va **gagner théoriquement 260 %** de la valeurs RCHT sur huit ans.

Reste maintenant à estimer « le coût social 😊 » de cette décision !

4. Calculer les pertes ou les gains en % RCHT pour les deux décisions en supposant que sa femme ne fait aucun accident matériel en 2023.

- **Réponse :**

HYPOTHESE 1 : l'assurance considère que c'est la femme de Mr X n'est pas la responsable de l'accident (non coupable) donc le classement de la voiture supplémentaire ne va pas changer mais son propre classement sera affecté par l'accident :

ANNEE	CLASSE AVEC Mme X	%	CLASSE avec V supp	%	GAIN OU PERTE EN % RC
2022	08	200	04	100	100
2023	**09**	**250**	**04**	**100**	**150**
2024	09	250	03	90	160
2025	08	200	03	90	100
2026	08	200	02	80	100
2027	07	160	02	80	80
2028	07	160	01	70	90
2029	06	140	01	70	70
2030	06	140	01	70	70
2031	05	120	01	70	50
2032	05	120	01	70	50
2033	04	100	01	70	30
2034	04	100	01	70	30
2035	03	90	01	70	20
2036	03	90	01	70	20
2037	02	80	01	70	10
2038	02	80	01	70	10
2039	**01**	**70**	**01**	**70**	**00**

$$\sum_{i=2022}^{n=2030} \frac{G}{P} = 100 + 150 + \cdots + 10 + 10 = 1130\%$$

Un simple accident matériel va causer des pertes énormes pour la famille X

Il faut **17 années** pour remédier ces dégâts et revenir à la situation d'équivalence entre les deux politiques

HYPOTHESE 2 : l'assurance considère que c'est la femme de Mr X qui est la responsable de l'accident (coupable) les deux classements vont changer :

ANNEE	CLASSE AVEC Mme X	%	CLASSE avec V supp	%	GAIN OU PERTE EN % RC
2022	08	200	04	100	100
2023	**09**	**250**	**05**	120	**130**
2024	09	250	05	120	130
2025	08	200	04	100	100
2026	08	200	04	100	100
2027	07	160	03	90	70
2028	07	160	03	90	70
2029	06	140	02	80	60
2030	06	140	02	80	60
2031	05	120	01	70	50
2032	05	120	01	70	50
2033	04	100	01	70	30
2034	04	100	01	70	30
2035	03	90	01	70	20
2036	03	90	01	70	20
2037	02	80	01	70	10
2038	02	80	01	70	10
2039	**01**	**70**	**01**	**70**	**00**

$$\sum_{i=2022}^{n=2030} \frac{G}{P} = 100 + 130 + \cdots + 10 + 10 = 1040\%$$

Exercice N°5 :

- **Enoncé :**

  Mr GUASSEN est un pharmacien qui possède une Golf 7 Blue motion depuis 2016, à vocation personnelle et il a subi en 2017 un petit accrochage avec une camionnette, les dégâts sont modestes quelques rayures et un rétroviseur. Mr GUASSEN hésite entre aire un constat à l'amiable et donc recevoir une indemnité de presque 400 TND ou perdre en termes de RCHT.

1. Analyser les deux alternatives et quel serai, alors, votre conseil à Mr GUASSEN ?

- **Réponse** :

L'accident de 2017 fait perdre à GUASSEN le « Super Bonus » les effets de cette perte vont persister pas moins de 16 années ! :

ANNEE	CLASSE AVEC CONSTAT	%	CLASSE SANS CONSTAT	%	GAIN OU PERTE EN % RC
2016	08	200	08	200	00
2017 AM	**09**	**250**	08	200	**50**
2018	09	250	04	100	150
2019	08	200	04	100	100
2020	08	200	03	90	110
2021	07	160	03	90	70
2022	07	160	02	80	80
2023	06	140	02	80	60
2024	06	140	**01**	**70**	70
2025	05	120	01	70	50
2026	05	120	01	70	50
2027	04	100	01	70	30
2028	04	100	01	70	30
2029	03	90	01	70	20
2030	03	90	01	70	20
2031	02	80	01	70	10
2032	02	80	01	70	10
2033	**01**	**70**	**01**	**70**	**00**

$$\sum_{i=2017}^{n=2033} \frac{G}{P} = 50 + 150 + \cdots + 10 + 10 = 910\%$$

Donc Mr GASSEN va perdre 910 % RCHT sur 16 années ce n'est qu'en 2033 que les deux politiques seront équivalentes

2. Sachant que la puissance fiscale de la Golf est de 6 CV, quel serai, alors, la perte ou le gain de chaque choix ?

- **Réponse** :

La puissance fiscale de la Golf est de 6 CV donc la RCHT = 140 TND (voir chapitre prochain)

HYPOTESE 1 : Pas de constat donc perte de l'indemnisation et réparation à son propre compte donc **perte totale 400 TND**

HYPOTESE 2 : Déclaration de l'accident donc perte de 910 % de la RCHT = 1274 TND

Indemnisation = 400 TND donc **perte totale = 1274 – 400 = 874 TND.**

NB : Cet exemple n'est en aucun cas un encouragement des assurés à ne pas déclarer leurs accidents, mais c'est une simple mise en évidence des défaillances de la tarification adoptée en Tunisie.

REFERENCES :

- ✓ Le Code des assurances tel que promulgué par la loi n° 92-24 du 9 mars 1992, et l'ensemble des textes qui l'ont modifié et complété et notamment ses articles 45 et 110
- ✓ La Circulaire du Ministre des Finances n ° 2/2007 du 10 mars 2007 relative à la fixation du système "Bonus-Malus" du tarif de l'assurance responsabilité civile des propriétaires de véhicules terrestres à moteur et de tous ses avenants qui l'ont modifié et complété.
- ✓ La circulaire 3/91 du 17 août 1991 du ministère des Finances,
- ✓ La décision du ministre des finances du 08 Mai 2019
- ✓ La Circulaire du Ministre des Finances n ° 2/2007 du 10 mars 2007
- ✓ Circulaire MF n°2_2015 du 09 novembre 2015.
- ✓ « Une évaluation empirique de l'introduction du système Bonus-Malus dans la tarification de l'assurance automobile en Tunisie » ; Olfa N. Ghali. Economic Research Forum for the Arab Countries, Iran & Turkey, 2001.
- ✓ https://www.cga.gov.tn/
- ✓ https://www.ftusanet.org/
- ✓ http://www.finances.gov.tn/

CHAPITRE 3 : La responsabilité civile (RC)

SECTION 1 : Les aspects théoriques de la RC :

I. Définition de la responsabilité civile :

Elle est définie par le code des obligations et des contrats (COC) dans sa version large et surtout dans l'article 83 : « Chacun est responsable du dommage moral ou matériel qu'il a causé, non seulement par son fait, mais par sa faute, lorsqu'il est établi que cette faute en est la cause directe. Toute stipulation contraire est sans effet. La faute consiste, soit à omettre ce qu'on était tenu de faire, soit à faire ce dont on était tenu de s'abstenir, sans intention de causer un dommage. »

C'est La loi n° 60-21 du 30 décembre 1960, portant institution de l'obligation d'assurance de responsabilité civiles pour les propriétaires de véhicules à moteur circulant sur le sol tunisien et déjà c'est **la seule rubrique obligatoire** dans tous les contrats assurance véhicule à moteur en Tunisie

L'Assurance de la responsabilité civile du fait de l'usage des véhicules terrestres à moteur et le régime d'indemnisation des préjudices résultant des atteintes aux personnes dans les accidents de circulation

L'obligation d'assurance de la responsabilité civile résultant de l'usage des véhicules terrestres à moteur et de leurs remorques. Toute personne physique ou toute personne morale, dont la responsabilité civile peut être engagée à l'occasion de la circulation d'un véhicule terrestre à moteur et ses remorques, doit conclure un contrat d'assurance garantissant la responsabilité qu'elle peut encourir en raison des dommages résultant des atteintes aux personnes et aux biens causés par le véhicule. Toute remorque doit être assurée séparément qu'elle soit attelée ou non au véhicule remorqueur. La remorque prend le sens d'un véhicule dans le présent titre.[1]

Le contrat d'assurance couvre la responsabilité civile du contractant, du propriétaire du véhicule et de toute personne ayant la garde ou la conduite du véhicule à l'exception des personnes exerçant le métier de réparation, d'entretien ou du commerce des véhicules.

Tout contrevenant aux dispositions Est passible d'une amende de 100 à 1000 dinars et d'un emprisonnement de seize jours à trois mois ou de l'une de ces deux sanctions et en cas de récidive, le montant de l'amende est doublé.[2]

---

[1] Article 110 du code des assurances

[2] Article 115 du code des assurances

II. Les catégories de tarification RC :

La Circulaire n °1/2017 du 28 février 2017 **(Annexe3),** annule et remplace la Circulaire n °1/2014 du 20 Octobre 2014 portant fixation du tarif de l'assurance de la responsabilité civile du fait de l'usage des véhicules terrestres à moteur. En attendant des nouvelles modifications suite aux pressions grandissantes des sociétés des assurances, cette circulaire présente la dernière référence en matière de la valeur de la RCHT (responsabilité civile hors taxes) et comporte le barème des tarifs de l'assurance responsabilité civile pour les utilisateurs de véhicules terrestres avec moteur scindé en six catégories :

1. **L'Usage affaire**
2. **Transport de marchandises pour son propre compte**
3. **Transport de marchandises pour des Tiers**
4. **Les usages agricoles**
5. **Machines et tracteurs agricoles**
6. **Les deux Roues (Motocyclette)**

Chaque catégorie est distinguée par un ou plusieurs critères dont on va énumérer dans la section suivante. Malgré les hausses successives opérées par les différents ministres de finance, les professionnels semblent insatisfaits et un grand mécontentement est immédiatement ressenti par tous les professionnels sur le système.

La tarification de l'assurance responsabilité civile automobile est **inadaptée** et largement **inégalitaire**[1] :

a. L'Etat impose, par la force de la loi, une sous-tarification structurelle de la RC obligatoire qui se traduit, par exemple sur la période 2010-2012, par une sinistralité par exercice de survenance (ratio de Sinistres à Primes (S/P)) largement supérieure à 100%.

b. Cette sous-tarification de la RC obligatoire oblige les assureurs à entrer dans un jeu complexe et pervers de compensation, notamment à travers la sur tarification des garanties annexes non obligatoires.

c. Le déséquilibre de la RC Auto pèse même sur l'ensemble du marché : dans la mesure où la compensation entre « garanties annexes facultatives » et « garantie RC obligatoire » peut ne pas suffire à assurer la rentabilité globale de la branche, le déficit de la branche est alors compensé par les autres branches.

---

[1] « Réforme de l'assurance de la responsabilité civile automobile en Tunisie : état des lieux et recommandations » CGA. Banque Mondiale. Juin 2015.P19

d. La segmentation actuelle sur laquelle reposent les tarifs obligatoires n'est pas à jour. Elle est ancienne et aucun test n'a été effectué sur sa pertinence et sur l'adéquation des différences tarifaires entre les usages et les puissances

e. Les tarifs des usages non obligatoires, c'est-à-dire issus d'une convention, sont moins déséquilibrés que le tarif obligatoire.

SECTION II : Les aspects pratiques de la RCHT :

La responsabilité civile hors taxes (RCHT) pour les utilisateurs de véhicules terrestres avec moteur est subdivisée en six catégories distinctes :

I. La RCHT usage affaire :

Appelée aussi par les professionnel usage personnel, promenade, ou encore usage Tourisme c'est à dire aucune utilisation professionnelle pour le véhicule.

Le seul critère retenu dans cette catégorie est la puissance du moteur exprimée en cheval fiscal. Il y a lieu de différencier la puissance du moteur qui est exprimée en Chevaux Vapeur (ch en kW) et la Puissance Fiscale (PF) qui est établie par l'État pour calculer la taxe d'immatriculation sur les véhicules, exprimée en Chevaux Fiscaux (CF).

La formule de calcul des Chevaux Fiscaux en Tunisie est [1]:

$$PF = \left(\frac{CO2}{45}\right) + \left(\frac{P}{40}\right)^{1,6} \quad \text{avec}$$

PF : Puissance Fiscale ; CO2 : Émission de dioxyde de carbone (gr/Km) ;

P : Puissance du moteur en kW (**1 ch = 0,736 kW**)

En France, depuis janvier 2020, la puissance fiscale ne dépend plus que de la puissance du moteur[2] :

$$\mathbf{PF = 0,00018\,P^2 + 0,0387\,P + 1,34}$$

Où : P désigne la puissance nette maximale, exprimée en kilowatts (kW). Cette valeur est indiquée sur le certificat d'immatriculation et PF désigne la puissance fiscale et administrative exprimée en chevaux fiscaux (CV), arrondie à l'entier le plus proche.

Exemple :

Pour Une voiture de 231 chevaux et qui émet 197 g/km de CO2, calculer sa puissance fiscale PF en Tunisie et en France.

---

[1] https://www.attt.com.tn/page.php?code_menu=100

[2] https://www.carte-grise-en-ligne-ccsl.fr/actualites-carte-grise/puissance-fiscale-vehicule

- **En Tunisie** :

P = 231* 0,736 = 170,016 kw : Transformation ch en kw

$$PF = \left(\frac{197}{45}\right) + \left(\frac{170{,}016}{40}\right)^{1{,}6} = 4{,}3777778$$

+10,12716 = 14,504

Arrondi à la valeur la plus proche on arrive à 15 chevaux fiscaux

Donc en Tunisie **PF = 15 CV**

- **En France** : P = 231* 0,736 = 170,016 kw : Transformation ch en kw

$$\mathbf{PF = 0{,}00018\,(170{,}016)^2 + 0{,}0387\,(170{,}016) + 1{,}34 =}$$

5,20297924608 + 6,5796192 + 1,34 = 13,1225

Arrondi à la valeur la plus proche on arrive à 13 chevaux fiscaux

Donc en France **PF = 13 CV**

A partir de cet exemple on peut déduire qu'on peut avoir **des différences de calibrage de la puissance fiscale entre les deux pays.**

NB : On arrondi au chiffre supérieur à partir de 0.5 (Ex1 : 5.5 = 6 CV / Ex2 : 5.49 = 5CV etc..)

Pour la RCHT usage affaire, le barème appliqué est le suivant :

Puissance fiscale PF	RCHT en TND
2 CV	94
De 3 à 4 CV	110
De 5 à 6 CV	140
De 7 à 10 CV	170
De 11 à 14 CV	220
15 CV et plus	264

Tableau 7 : RCHT usage affaire

جدول تعريفة تأمين المسؤولية المدنية

لأصحاب العربات البرية ذات محرك

1- الإستعمال الشخصي:

(الوحدة بحساب الدّينار)

قوة المحرك	التعريفة (صافية من الأداءات)
خيلان	94
من 3 إلى 4 خيول	110
من 5 إلى 6 خيول	140
من 7 إلى 10 خيول	170
من 11 إلى 14 خيلا	220
15 خيلا فأكثر	264

Figure 10 : RCHT usage affaire (La Circulaire n°1/2017)

On va reprendre les exercices du chapitre précèdent pour déterminer les RCHT :

Exercice N°1 :

- **Enoncé :**

Mr X a acheté une Peugeot 106 (4cv) à 8500 TND en Février 2008 la date de la souscription du contrat d'assurance.

1. Quelle sera sa classe en 2022 s'il n'a commis aucun accident ?
   En déduire le montant de la RCHT.

- **Réponse** :

La classe de Mr X est la classe **01** (70%) et **4 CV : 110 TND**

Donc sa RCHT = 110 * 0,7= **77 TND**

2. Quelle sera sa classe en 2022 s'il a commis un accident matériel en 2012 et deux Accidents corporels en 2015 ? En déduire le montant de la RCHT.

- **Réponse** :

La classe de Mr X en 2022 est la classe **05** (120%) donc sa RCHT = 110 * 1,2= **132 TND.**

3. Même question s'il a commis trois accidents corporels en 2015 ?

- **Réponse :**

La classe de Mr X en 2022 est la classe **07** (160%) donc sa RCHT = 110 * 1,6= **176 TND.**

Exercice N°2 :

- **Enoncé :**

Mr X et Mr Z sont deux hauts fonctionnaires au ministère de l'agriculture nommés à leurs poste la même journée (05/05/2017) date à laquelle ils ont bénéficier de deux voitures de fonction ; Mr X possède une voiture à vocation personnelle de 8 CV et Mr Z une à vocation professionnelle de 11 CV.

1. Quelle sera la classe de Mr X en 2022 s'il n'a commis aucun accident ? En déduire le montant de la RCHT.

- **Réponse** :

Donc la classe de Mr X en 2022 est la classe **02** (80%) 8CV : RCHT = 170 TND donc

RCHT= 170 * 0,8 = **136 TND.**

2. Quelle sera la classe de Mr Z en 2022 s'il n'a commis aucun accident ?

- **Réponse** :

Mr Z possède une voiture à vocation professionnelle de 11 CV donc il n'est pas pris en charge par cette catégorie (utilisation personnelle).

3. Quelle sera la classe de Mr X en 2022 s'il n'avait pas une voiture de fonction ? En déduire son RCHT.

- **Réponse** :

Donc la classe de Mr X en 2022 est la classe **03** (90%).8CV : RCHT = 170 TND donc

RCHT= 170 * 0,9 = **153 TND.**

II. Transport de marchandises pour son propre compte (privé) :

Dans cette catégorie deux critères sont retenus : la puissance fiscale (PF) du moteur et le poids du véhicule : **Poids Total = Poids à Vide + la Charge Utile**

PT = PV + CU

Deux types de véhicules sont alors retenue :

- **Si PT ≤ 3,5 Tonnes alors c'est la catégorie Poids Léger.**

- **Si PT > 3,5 Tonnes alors c'est la catégorie Poids Lourd.**

1. La catégorie Poids Léger (PT ≤ 3,5 T) :

Puissance fiscale PF	**RCHT en TND**
2 CV	145
De 3 à 4 CV	171
De 5 à 6 CV	214
De 7 à 10 CV	262
De 11 à 14 CV	338
15 CV et plus	405

Tableau 8 : RCHT de La catégorie Poids Léger (PT ≤ 3,5 T)

2- نقل البضائع للحساب الخاص:

- العربات التي لا يتجاوز وزنها الجملي 3,5 طن:

(الوحدة بحساب الدّينار)

التعريفة (صافية من الأداءات)	قوّة المحرك
145	خيلان
171	من 3 إلى 4 خيول
214	من 5 إلى 6 خيول
262	من 7 إلى 10 خيول
338	من 11 إلى 14 خيلا
405	15 خيلا فأكثر

Figure 11 : RCHT La catégorie Poids Léger (PT ≤ 3,5 T) (La Circulaire n°1/2017)

APPLICATION :

MR X possède un « IVECO OM 40 » destiné au transport privé (pour son propre compte) d'une puissance fiscale de 13 CV et d'un poids vide de 1,9 Tonnes et d'une charge utile de 1,2 Tonnes. Déterminer son RCHT sachant que Mr X est classé 02.

REPONSE :

PT = PV + CU donc PT = 1.9 + 1.2 = 3,1 T < 3,5 T donc le camion est poids léger.

PF = 13 CV donc RCHTT = 338 TND Classe Bonus-Malus 02 donc 90%

RCHTT = 338 * 0,9 = 304,2 TND

2. La catégorie Poids Lourd (PT > 3,5 T) :

	RCHT en TND
Prime Principale **PP**	275
Prime Supplémentaire **PS**	21 TND sur chaque tonne supplémentaire dans le PT > 3,5 T

Tableau 9 : RCHT de la catégorie Poids Lourd (PT > 3,5 T)

ب-العربات التي يتجاوز وزنها الجملي 3,5 طن:

(الوحدة بحساب الدّينار)

	التعريفة (صافية من الأداءات)
القسط الأساسي	257
القسط الإضافي	21 عن كلّ طن إضافي في الوزن الجملي يفوق 3,5 طن

Figure 12 : RCHT de la catégorie Poids Lourd (PT > 3,5 T) (La Circulaire n°1/2017)

APPLICATION :

MR X possède un « SCANIA 110 » destiné au transport privé (pour son propre compte) d'une puissance fiscale de 23 CV et d'un poids vide de 12,4 Tonnes et d'une charge utile de 13,6 Tonnes. Déterminer son RCHT sachant que Mr X est classé 05.

REPONSE :

PT = PV + CU donc PT = 12,4 + 13,6 = 26 T > 3,5 T donc le camion est poids lourd.

Prime Principale = 257 TND

Prime Supplémentaire = 21*(26 - 3,5) = 21* 22,5 = 472,5 TND

Donc RCHTT = 257+472,5=729,5 TND Classe Bonus-Malus 05 donc 150%

RCHTT = 729,5 * 1,5 = 1094,25 TND

III. Transport de marchandises pour autrui (pour les Tiers) :

Dans cette catégorie deux critères sont retenus : la puissance fiscale (PF) du moteur et le poids du véhicule : **Poids Total = Poids à Vide + Charge Utile**

PT = PV + CU

Deux types de véhicules sont alors retenue :

- **Si PT ≤ 3,5 Tonnes alors c'est la catégorie Poids Léger.**
- **Si PT > 3,5 Tonnes alors c'est la catégorie Poids Lourd.**

1. La catégorie Poids Léger (PT ≤ 3,5 T) :

Appliquer les tarifs relatifs aux véhicules destinés au transport de marchandises pour son propre compte (transport privé) visé au point II.1 donc le seul critère retenu est la puissance du moteur

3- نقل البضائع لحساب الغير:

أ- العربات التي لا يتجاوز وزنها الجملي 3,5 طن:

(تطبيق التعريفة المتعلقة بالعربات المعدّة لنقل البضائع للحساب الخاص المشار إليها بالنقطة "أ")

Figure 13 : RCHT La catégorie Poids Léger (PT ≤ 3,5 T) (La Circulaire n°1/2017)

2. La catégorie Poids Lourd (PT > 3,5 T) :

	RCHT en TND
Prime Principale	250
Prime Supplémentaire	04 TND sur chaque quintal supplémentaire dans la charge utile > 3,5 T

Tableau 10 : RCHT de la catégorie Poids Lourd (PT > 3,5 T)

ب- العربات التي يتجاوز وزنها الجملي 3,5 طن:

(الوحدة بحساب الدينار)

	التعريفة (صافية من الأداءات)
القسط الأساسي	250
القسط الإضافي	4 عن كلّ قنطار إضافي في الحمولة النافعة يفوق 3,5 طن

Figure 14 : RCHT de la catégorie Poids Lourd (PT > 3,5 T) (La Circulaire n°1/2017)

APPLICATION :

MR X possède un « SCANIA 110 » destiné au transport pour autrui (pour les Tiers) d'une puissance fiscale de 23 CV et d'un poids vide de 12,4 Tonnes et d'une charge utile de 13,6 Tonnes. Déterminer son RCHT sachant que Mr X est classé 01.

REPONSE :

PT = PV + CU donc PT = 12,4 + 13,6 = 26 T > 3,5 T donc le camion est poids lourd.

Prime Principale = 250 TND

Charge Utile de 13,6 Tonnes = 136 Quintaux donc quintaux supplémentaires =136-35 =101 Q

Prime Supplémentaire = 04*(136 - 35) = 04*101 = 404 TND

Donc RCHTT = 250+404=654 TND Classe Bonus-Malus 01 donc 80%

RCHTT = 654 * 0,8 = 523,2 TND.

IV. Utilisation agricole :

1. La catégorie Poids Léger (PT ≤ 3,5 T) :

Puissance fiscale PF	**RCHT en TND**
2 CV	84
De 3 à 4 CV	97
De 5 à 6 CV	122
De 7 à 10 CV	150
De 11 à 14 CV	193
15 CV et plus	232

Tableau 11 : RCHT La catégorie Poids Léger (PT ≤ 3,5 T)

4- الإستعمالات الفلاحية:

أ- العربات التي لا يتجاوز وزنها الجملي 3,5 طن:

(الوحدة بحساب الدّينار)

قوة المحرك	التعريفة (صافية من الأداءات)
خيلان	84
من 3 إلى 4 خيول	97
من 5 إلى 6 خيول	122
من 7 إلى 10 خيول	150
من 11 إلى 14 خيلا	193
15 خيلا فأكثر	232

Figure 15 : RCHT La catégorie Poids Léger (PT ≤ 3,5 T) (La Circulaire n°1/2017)

APPLICATION :

MR X possède un « IVECO OM 40 » destiné aux activités agricoles d'une puissance fiscale de 13 CV et d'un poids vide de 1,9 Tonnes et d'une charge utile de 1,2 Tonnes. Déterminer son RCHT sachant que Mr X est classé 07.

REPONSE :

PT = PV + CU donc PT = 1.9 + 1.2 = 3,1 T < 3,5 T donc le camion est poids léger.

PF = 13 CV donc RCHTT = 193 TND Classe Bonus-Malus 07 donc 200%

RCHTT = 193 * 2 = 386 TND

2. La catégorie Poids Lourd (PT > 3,5 T) :

	RCHT en TND
Prime Principale	Tarifs des véhicules à utilisation agricole poids léger (< 3,5 T)
Prime Supplémentaire	13 TND sur chaque tonne supplémentaire dans le poids total > 3,5 T

Tableau 12 : : RCHT de la catégorie Poids Lourd (PT > 3,5 T)

ب- العربات التي يتجاوز وزنها الجملي 3,5 طن:

(الوحدة بحساب الدينار)

	التعريفة (صافية من الأداءات)
القسط الأساسي	التعريفة المتعلقة بالعربات المعدة للإستعمال الفلاحي التي لا يتجاوز وزنها الجملي 3,5 طن
القسط الإضافي	13 عن كلّ طنّ إضافي في الوزن الجملي يفوق 3,5 طن

Figure 16 : : RCHT de la catégorie Poids Lourd (PT > 3,5 T) (La Circulaire n°1/2017)

APPLICATION :

MR X possède un « SCANIA 110 » destiné aux utilisations agricoles d'une puissance fiscale de 23 CV et d'un poids vide de 12,4 Tonnes et d'une charge utile de 13,6 Tonnes. Déterminer son RCHT sachant que Mr X est classé 04.

REPONSE :

PT = PV + CU donc PT = 12,4 + 13,6 = 26 T > 3,5 T donc le camion est poids lourd.

PF=23 CV donc Prime Principale = 232 TND

Prime Supplémentaire = 13*(26 – 3,5) = 13*22,5 = 292,5 TND

Donc RCHTT = 232+292,5 =524,5 TND Classe Bonus-Malus 04 donc 120%

RCHTT = 524,5 * 1,2 = 629,4 TND

V. Engins et tracteurs agricoles :

Type de véhicule		RCHT en TND
Type 1	Avec roues en caoutchouc	42
	Avec chenille	31
Type 2		122
Type 3	Avec roues en caoutchouc	84
	Avec chenille	59
Type 4		177

Tableau 13 : RCHT des Engins et tracteurs agricoles

5- الآلات والجرارات الفلاحية:

(الوحدة بحساب الدينار)

صنف العربة	التعريفة (صافية من الأداءات)
الصنف الأول:	
- بعجلات مطاطية	42
- بزناجير	31
الصنف الثاني:	117
الصنف الثالث:	
- بعجلات مطاطية	84
- بزناجير	59
الصنف الرابع:	177

Figure 17 : RCHT des Engins et tracteurs agricoles) (La Circulaire n°1/2017)

APPLICATION :

MR X possède un « tracteur agricole Massey Ferguson 415 » destiné aux activités agricoles d'une puissance fiscale de 46 CV répertorié Type 2. Déterminer son RCHT sachant que Mr X est classé 06.

REPONSE :

Type 2 Donc RCHTT =122 TND Classe Bonus-Malus 06 donc 170%

RCHTT = 122 * 1,7 = 207,4 TND

VI. Les deux roues (motocycle) :

Le motocycle en Tunisie désigne les deux roues équipé d'un moteur à essence à un seul piston de petit cylindré qui ne dépasse pas les 50 centimètres cubes. Les termes utilisés sont empruntés du lexique de mécanique des moteurs très utile dans cette discipline.

Pour le motocycle en Tunisie, depuis Avril 2005, on distingue 3 catégories :

- **Petit cylindré** : Le volume de la chambre de combustion est inférieur à 50 cm^3.
- **Moyen cylindré** : Le volume de la chambre de combustion est entre 50 et 125 cm^3.
- **Gros cylindré** : Le volume de la chambre de combustion est inférieur à 125 cm^3.

Puissance fiscale PF	RCHT en TND
Petit cylindré	22
Moyen cylindré	44
Gros cylindré	119

Tableau 14 : RCHT deux roues avant 2017

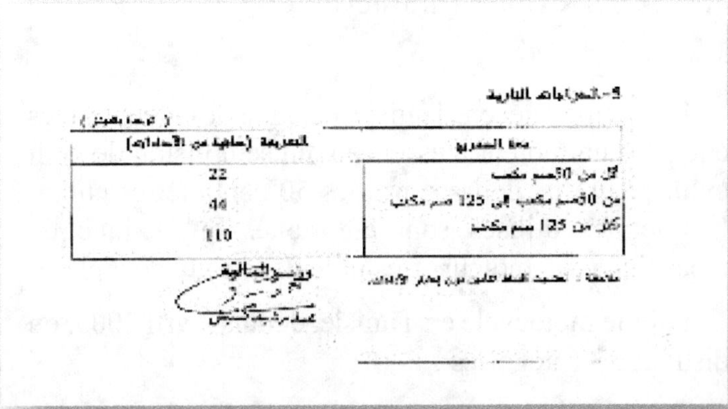

5- الدراجات النارية

(الوحدة بالدينار)

سعة المحرك	التعريفة (خالية من الأداءات)
أقل من 50 صم مكعب	22
من 50 صم مكعب إلى 125 صم مكعب	44
أكثر من 125 صم مكعب	110

ملاحظة : [illegible]

وزير المالية

محمد رشيد كشيش

Figure 18 : RCHT deux roues avant 2017(Circulaire Avril 2005)

Mais en 2017 cette classification a été simplifiées en deux catégories seulement :

- **Moyen cylindré** : Le volume de la chambre à combustion est inférieur ou égal à 125 cm^3.
- **Gros cylindré** : Le volume de la chambre à combustion est supérieur à 125 cm^3.

	RCHT en TND
Moyen cylindré	62
Gros cylindré	168

Tableau 15 : RCHT deux roues après 2017

6- الدراجات النارية:

(الوحدة بحساب الدّينار)

	التعريفة (صافية من الأداءات)
أقل أو تساوي 125 صم مكعب	62
أكثر من 125 صم مكعب	168

Figure 19 : RCHT deux roues (La Circulaire n°1/2017)

REFERENCES :

- ✓ Le code des obligations et des contrats (COC) l'article 83.
- ✓ La loi n° 60-21 du 30 décembre 1960, portant institution de l'obligation d'assurance de responsabilité civiles pour les propriétaires de véhicules à moteur.
- ✓ La Circulaire n°1/2014 du 20 Octobre 2014 portant fixation du tarif de l'assurance de la responsabilité.
- ✓ La Circulaire n°1/2017 du 28 février 2017.
- ✓ Le Code des assurances tel que promulgué par la loi n° 92-24 du 9 mars 1992, et l'ensemble des textes qui l'ont modifié et complété et notamment ses articles 45 et 110
- ✓ La circulaire 3/91 du 17 août 1991 du ministère des Finances,
- ✓ « Réforme de l'assurance de la responsabilité civile automobile en Tunisie : état des lieux et recommandations » Rapport de First Initiative. Banque Mondiale. Version Août 2015.
- ✓ « L'Assurance Automobile En Tunisie : De la Réforme engagée aux Défis à relever » Lassaâd ZARROUK. PRESIDENT DE LA FTUSA. ALGER. Le 4 novembre 2015.
- ✓ « Responsabilité civile extracontractuelle et assurance des constructeurs : droit comparé » Mohamed Jamal Bennouna ; L'Harmattan, 2019.

- ✓ https://www.cga.gov.tn/
- ✓ https://www.ftusanet.org/
- ✓ http://www.finances.gov.tn/

- ✓ http://www.attt.com.tn/
- ✓ http://www.sicad.gov.tn/

CHAPITRE 4 : Les assurances et les garanties facultatives

C'est une convention cadre signée en Juin 2002 entre la FTUSA et les représentants de 11 sociétés d'assurance qui fixe en détail les tarifs des garanties facultatives des véhicules terrestres à moteur :

1. Protection juridique ou Assurance "Défense et recours".
2. Assurance « Vol »
3. Assurance « Incendie »
4. Assurance « Tierce »

Cette convention est en vigueur depuis Août 2002 jusqu'à maintenant avec deux avenants le premier le 07 décembre 2015 et le dernier 25 avril 2017(**Annexe 4**)

SECTION 1 : La Protection juridique ou Assurance "Défense et recours".

I. Définition :

La défense-recours est une garantie que l'on retrouve dans la plupart des contrats de responsabilité. Autrement dit, on est face à une garantie accessoire à celle de la responsabilité civile. Cette garantie rentre en jeu lorsque les conditions de responsabilités de chacun ne sont pas clairement définies lors de la survenance d'un sinistre.

Deux situations sont alors possibles :

- Dans une action de défense, l'assureur peut prendre en charge la défense pénale et civile de l'assuré. Par exemple, l'assuré est mis en cause dans un accrochage par un tiers qui prétend que son véhicule a été endommagé, sans pour autant mettre en jeu sa responsabilité faute d'élément probant. Dans le cas d'une assurance auto, l'assureur peut s'engager à prendre en charge une partie ou la totalité des frais à sa charge telle la nomination d'un avocat, tout comme la rémunération d'experts en accidentologies pour déterminer les causes de l'accident.
- Dans une action en recours, l'assureur accompagne son assuré dans les modalités et recours juridiques afin que ce dernier puisse obtenir réparation de ses dommages corporels ou matériels. L'assureur s'engage alors à réclamer soit à l'amiable ou en justice, l'indemnisation du préjudice subi par son assuré à l'auteur du dommage. Les modalités de prises en charge des frais sont sensiblement les mêmes qu'en défense. Ainsi, si l'assureur a intérêt à agir, il peut décider de représenter son assuré durant l'intégralité de la procédure et ainsi le dispenser de toute intervention d’ordre générale ou devant les tribunaux.

On ne peut pas oublier que cette garantie est plafonnée dans la limite de ce que couvre le contrat souscrit par l'assuré. Ce plafond peut être spécifique à la garantie défense-recours, mais elle peut être également confondue avec le plafond d'indemnisation général du contrat souscrit. La particularité de cette garantie repose sur le fait qu'elle ne peut pas être dissociée de la notion de responsabilité civile. Autrement dit, elle est donc actionnée automatiquement pour les actions en justice ou recours à l'amiable, visant à déterminer l'auteur du dommage qui sera tenu d'indemniser la victime au titre de sa responsabilité civile.

II. Tarif de "Défense et recours" Tunisie :

En Tunisie la convention cadre signée en Juin 2002 fixe la prime juridique D&R Hors Taxes à 20 TND pour toutes les catégories de souscriptions hors accords spécifiques avec un plafond d'indemnisation fixé à 1000 TND quel que soit l'ampleur de la procédure ou sa nature (défense ou recours) le reliquat sera porté à la charge de l'assuré

	Montant en TND
Garantie maximale	**1 000**
Prime D&R	**20**

Tableau 16 : Tarif de "Défense et recours"

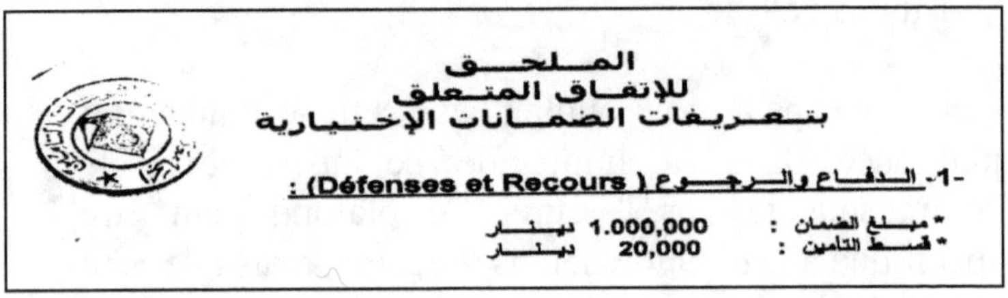

الملحق
للإتفاق المتعلق
بتعريفات الضمانات الإختيارية

-1- الدفاع والرجوع (Défenses et Recours) :

* مبلغ الضمان : 1.000,000 دينار
* قسط التامين : 20,000 دينار

Figure 20 : Tarif de "Défense et recours" (la convention cadre Juin 2002)

SECTION 2 : Assurance « Vol »

I. La définition de la garantie vol

Les garanties et les modalités d'indemnisation varient selon les contrats d'assurance.

La garantie vol couvre notamment :

- La disparition ou la détérioration du véhicule assuré, à la suite d'un vol ou d'une tentative de vol ;
- Le vol uniquement d'accessoires et de pièces de rechange, en cas de tentative de vol du véhicule lui-même ou en cas d'effraction du local dans lequel le véhicule est garé ;
- Le détournement du véhicule à la suite d'un abus de confiance ou d'une escroquerie.

1. Les extensions de garanties les plus courantes :

Il existe une grande diversité de contrats. Ils incluent parfois d'office certaines extensions de garantie tel que :

- **Le vandalisme :** Cette garantie couvre les dégradations volontaires commises à l'occasion d'un vol ou d'une tentative de vol du véhicule ou de l'un de ses éléments ou accessoires.
- **Le vol d'accessoires, d'éléments du véhicule :** Le vol des roues, du bloc moteur, d'éléments de la carrosserie, des sièges peuvent être assurés. La garantie est parfois étendue aux autres équipements du véhicule, ainsi qu'aux systèmes d'alarmes,

d'anti-démarrages ou de navigation. Elle peut aussi couvrir les détériorations causées par les voleurs aux autres parties du véhicule pour en voler les éléments garantis.

- **Le vol du contenu :** Le vol des objets contenus dans le véhicule n'est pas automatiquement couvert par la garantie vol. Lorsque cette garantie est prévue, elle est le plus souvent plafonnée à un certain montant.

2. L'indemnisation en cas de vol de voiture

Le contrat d'assurance prévoit généralement que l'indemnité en cas de vol correspond à la valeur du véhicule à dire d'expert au jour du sinistre. Il s'agit d'une valeur moyenne déterminée à partir de la valeur du véhicule sur le marché de l'occasion (valeur de remboursement VR).

Dans tous les cas cette valeur (VR) ne doit jamais dépasser la valeur vénale (VV) du véhicule.

La valeur vénale (VV) est l'estimation d'un véhicule au jour de son constat. Elle est très proche de la valeur marchande ; Cette dernière dépend du marché quotidien et suivant la variation de l'achat et de la vente. Le calcul de la valeur vénale d'un véhicule dépend de la valeur à neuf de ce véhicule (VAN), l'âge du véhicule, l'état général du véhicule, le kilométrages…Les trois derniers critères peuvent donner une estimation sur la Vétusté (V) indispensable pour déterminer la VV.

$$\boldsymbol{VV = VAN - V} \text{ et } \boldsymbol{VR < VV}$$

II. Les tarifs de la garantie vol :

En Tunisie les tarifs vol ont passés par deux modifications après la convention de 2002 :

1. Les tarifs de la convention de 2002 :

Prime principale PP	15 TND	15 TND	15 TND	15 TND
Catégories	Autoécole ; Véhicule de transport des enfants, les membres et les agents des associations ; Véhicules des hôtels et des agences de voyage	Utilisation personnelle, transport privé poids léger (PT ≤ 3,5 T), poids lourd (PT > 3,5 T) à utilisation agricole, les engins agricoles et des chantiers ainsi que les tracteurs agricoles	Poids léger (PT ≤ 3,5 T) à utilisation agricole	Poids lourd (PT > 3,5 T) du transport privé et pour autrui.
Taux PS	**3,75 ‰**	**3 ‰**	**2,7 ‰**	**2 ‰**

Tableau 17 : Tarifs de la garantie vol convention de 2002

-2- السرقة (Vol):

* قسط أساسي = 15,000 دينار
* قسط إضافي = ضرب قيمة السيارة في النسبة المحددة بالجدول التالي :

- نقل البضائع للحساب الخاص (العربات التي يتجاوز وزنها الجملي 3,5 طن). - نقل البضائع لحساب الغير (العربات التي يتجاوز وزنها الجملي 3,5 طن)	- الإستعمالات الفلاحية : (العربات التي لا يتجاوز وزنها الجملي 3,5 طن).	- الإستعمال الشخصي - نقل البضائع للحساب الخاص (العربات التي لا يتجاوز وزنها الجملي 3,5 طن) - الإستعمالات الفلاحية (العربات التي يتجاوز وزنها الجملي 3,5 طن والآلات والجرارات الفلاحية. - آلات الأشغال.	- تعليم السياقة - عربات معدة خصيصا لنقل الأطفال، أعضاء وأعوان الجمعيات - عربات النزل ووكالات الأسفار
2‰	2,7‰	3‰	3,75‰

Figure 21 : Tarifs de la garantie vol convention de 2002

2. Les tarifs de l'avenant du décembre 2015 :

Prime principale PP	15 TND	15 TND	15 TND
Catégories	Utilisation personnelle, transport privé poids léger (PT ≤ 3,5 T), poids lourd (PT > 3,5 T) à utilisation agricole, les engins agricoles et des chantiers ainsi que les tracteurs agricoles	Poids léger (PT ≤ 3,5 T) à utilisation agricole	Poids lourd (PT > 3,5 T) du transport privé et pour autrui.
Taux PS	**2,62 ‰**	**2,36 ‰**	**1,75 ‰**

Tableau 18 : Tarifs de la garantie vol avenant 2015

-1- السـرقة (Vol):

* قسط أساسي = 15,000 دينار

* قسط إضافي = ضرب قيمة السيارة في النسبة المحددة بالجدول التالي :

- نقل البضائع للحساب الخاص (العربات التي يتجاوز وزنها الجملي 3,5 طن). - نقل البضائع لحساب الغير (العربات التي يتجاوز وزنها الجملي 3,5 طن).	- الاستعمالات الفلاحية : (العربات التي لا يتجاوز وزنها الجملي 3,5 طن).	- الاستعمال الشخصي . - نقل البضائع للحساب الخاص (العربات التي لا يتجاوز وزنها الجملي 3,5 طن). - الاستعمالات الفلاحية (العربات التي يتجاوز وزنها الجملي 3,5 طن) والآلات والجرارات الفلاحية. - آلات الأشغال.
‰ 1,75	‰ 2,36	‰ 2,62

Figure 22 : Tarifs de la garantie vol avenant 2015

3. Les tarifs de l'avenant d'avril 2017 :

Prime principale PP	15 TND	15 TND	15 TND
Catégories	Utilisation personnelle, transport privé poids léger (PT ≤ 3,5 T), poids lourd (PT > 3,5 T) à utilisation agricole, les engins agricoles et des chantiers ainsi que les tracteurs agricoles	Poids léger (PT ≤ 3,5 T) à utilisation agricole	Poids lourd (PT > 3,5 T) du transport privé et pour autrui.
Taux PS	**2,36 ‰**	**2,12 ‰**	**1,58 ‰**

Tableau 19 : Tarifs de la garantie vol avenant 2017

-1- السـرقة (Vol):

* قسـط أسـاسي = 15,000 دينار

* قسـط إضـافـي = ضرب قيمة السيارة في النسبة المحددة بالجدول التالي :

- نقل البضائع للحساب الخاص (العربات التي يتجاوز وزنها الجملي 3,5 طن). - نقل البضائع لحساب الغير (العربات التي يتجاوز وزنها الجملي 3,5 طن).	- الإستعمالات الفلاحية : (العربات التي لا يتجاوز وزنها الجملي 3,5 طن).	- الإستعمال الشخصي . - نقل البضائع للحساب الخاص (العربات التي لا يتجاوز وزنها الجملي 3,5 طن). - الإستعمالات الفلاحية (العربات التي يتجاوز وزنها الجملي 3,5 طن) والآلات والجرارات الفلاحية. - آلات الأشغال.
‰ 1,58	‰ 2,12	‰ 2,36

Figure 23 : Tarifs de la garantie vol avenant 2017

Les tarifs vol actuellement en vigueur se subdivisent en une prime principale fixée à 15 TND et une prime supplémentaire répertoriée en trois pour millièmes :

- **Le taux 1,58 ‰** : englobe les catégories poids lourd (PT > 3,5 T) du transport privé et pour autrui.
- **Le taux 2,12 ‰** : englobe les catégories poids léger (PT ≤ 3,5 T) à utilisation agricole.
- **Le taux 2,36 ‰** : englobe les catégories utilisation personnelle, transport privé poids léger (PT ≤ 3,5 T), poids lourd (PT > 3,5 T) à utilisation agricole, les engins agricoles et des chantiers ainsi que les tracteurs agricoles

APPLICATION :

Mr x a acheté une PICK-UP « TOYOTA HILUX » neuve d'une valeur de 128000 TND

Il hésite à l'enregistrer en utilisation agricole ou personnelle. Calculer la prime VOL HT dans les deux cas.

REPONSE :

La prime principale est fixée à 15 TND donc PP = 15 TND

La prime supplémentaire varie selon l'utilisation

- **Utilisation agricole** donc le taux 2,12 ‰ de la **VV= VAN= 128000 TND puisque la** Vétusté = 0 (voiture neuve) donc PS = 128000 * 2,12 ‰ = 271,36 TND
  Remise 10% sur PS = 0,1* 271,36 = 27,136 TND
  P. VOL. HT = PP+PS = (15+271,36) - 27,136 =259,224 TND

- **Utilisation personnelle** donc le taux 2,36 ‰ de la **VV= VAN= 128000 TND puisque la** Vétusté = 0 (voiture neuve) donc PS = 128000 * 2,36 ‰ = 302,08 TND
  Remise 10% sur PS = 0,1* 302,08 = 30,208 TND
  P. VOL. HT = PP+PS = (15+302,08) – 30,208 **=286,872 TND**

Prime Utilisation agricole < Prime Utilisation personnelle donc Mr X doit choisir la première.

SECTION 3 : Assurance « incendie »

I. La définition de la garantie « incendie »

Les assurances peuvent prévoir des garanties qui couvrent les dommages dus à l'incendie ou à l'explosion du véhicule, qu'ils soient :

- D'origine accidentelle : dysfonctionnement de la climatisation, court-circuit électrique, foudre...
- D'origine malveillante : vandalisme, attentat, émeutes …

Les aléas climatiques peuvent également être inclus sous cette garantie, tels que la grêle ou une tempête. Sont en revanche exclus les cas où l'assuré est à l'origine de l'incendie de l'automobile, qu'il ait volontairement mis le feu ou que celui-ci provienne d'une négligence (mauvais entretien par exemple).

Plusieurs formules d'assurance Incendie permettent, moyennant une prime accessoire, d'être indemnisé pour les dommages subis par la voiture s'ils résultent :

- D'un incendie ou d'une explosion, y compris suite à un acte de vandalisme ;
- D'un aléa climatique : chute de la foudre ou de la grêle, poids de la neige, passage d'une tempête ou d'une tornade ;
- D'une catastrophe technologique (non nucléaire), définie comme un accident en provenance d'une installation industrielle considérée comme

dangereuse pour l'environnement et les biens immobiliers ;

- D'un attentat ou d'un acte de terrorisme sur le territoire national ;
- De la destruction ou de la détérioration de l'équipement électrique du véhicule consécutive à un court-circuit.

II. Les tarifs de la garantie incendie :

En Tunisie les tarifs incendie ont passés par deux modifications après la convention de 2002 :

1. Les tarifs de la convention de 2002 :

Prime principale PP	10 TND	10 TND	10 TND	10 TND	10 TND	10 TND	10 TND
Catégories	Poids lourd (PT > 3,5 T) du transport pour autrui.	Poids lourd (PT > 3,5 T) du transport privé	Véhicule de transport des enfants, les membres et les agents des associations.	Transport privé poids léger (PT ≤ 3,5 T) ; poids lourd (PT > 3,5 T) à utilisation agricole, les engins agricoles et des chantiers ainsi que les tracteurs agricoles ; motocycle.	Autoécole ; Location sans chauffeur ; Véhicules des hôtels et des agences de voyage	Utilisation personnelle	Poids léger (PT ≤ 3,5 T) à utilisation agricole
Taux PS	**7,2 ‰**	**6,5 ‰**	**6,25 ‰**	**5 ‰**	**4,5 ‰**	**3,5 ‰**	**3,2 ‰**

Tableau 20 : Les tarifs incendie de la convention de 2002

-3- الحريق (Incendie) :

* قسط أساسي = 10,000 دينار

* قسط إضافي = ضرب قيمة السيارة في النسبة المحددة بالجدول التالي :

- الاستعمالات الفلاحية (المركبات التي لا يتجاوز وزنها الإجمالي 3,5 طن).	- الاستعمال الشخصي	• كراء بدون سائق. • مركبات النقل ووكالات الأسفار. • تعليم السياقة.	- نقل البضائع للحساب الخاص (المركبات التي لا يتجاوز وزنها الإجمالي 3,5 طن). - الاستعمالات الفلاحية (المركبات التي يتجاوز وزنها الإجمالي 3,5 طن) والآلات والجرارات الفلاحية - آلات الأشغال - الدراجات النارية.	- مركبات معدة خصيصا لنقل الأطفال، أعضاء وأعوان الجمعيات.	- نقل البضائع للحساب الخاص (المركبات التي يتجاوز وزنها الإجمالي 3,5 طن).	- نقل البضائع لحساب الغير : (المركبات التي يتجاوز وزنها الإجمالي 3,5 طن).
3,2‰	3,5‰	4,5‰	5‰	6,25‰	6,5‰	7,2‰

Figure 24 : Les tarifs incendie de la convention de 2002

2. Les tarifs de l'avenant du décembre 2015 :

Prime principale PP	10 TND	10 TND	10 TND	10 TND	10 TND
Catégories	Poids lourd (PT > 3,5 T) du transport pour autrui.	Poids lourd (PT > 3,5 T) du transport privé	Transport privé poids léger (PT ≤ 3,5 T) ; poids lourd (PT > 3,5 T) à utilisation agricole, les engins agricoles et des chantiers ainsi que les tracteurs agricoles ; motocycle.	Utilisation personnelle	Poids léger (PT ≤ 3,5 T) à utilisation agricole
Taux PS	**6,29 ‰**	**5,68 ‰**	**4,37 ‰**	**3,06 ‰**	**2,79 ‰**

Tableau 21 : Les tarifs incendie de l'avenant du décembre 2015

<u>- الحـريــــق (Incendie) :</u>

* قسـط أساسي = 10,000 دينار

* قسـط إضافي = ضرب قيمة السيارة في النسبة المحددة بالجدول التالي :

- نقل البضائع لحساب الغير : (العربات التي يتجاوز وزنها الجملي 3,5 طن).	- نقل البضائع للحساب الخاص (العربات التي يتجاوز وزنها الجملي 3,5 طن)	- نقل البضائع للحساب الخاص (العربات التي لا يتجاوز وزنها الجملي 3,5 طن). - الإستعمالات الفلاحية (العربات التي يتجاوز وزنها الجملي 3,5 طن) والالات والجرارات الفلاحية - الات الأشغال - الدراجات النارية.	- الإستعمال الشخصي	- الإستعمالات الفلاحية (العربات التي لا يتجاوز وزنها الجملي 3,5 طن).
‰ 6,29	‰ 5,68	‰ 4,37	‰ 3,06	‰ 2,79

Figure 25 : Les tarifs incendie de l'avenant du décembre 2015

3. Les tarifs de l'avenant d'avril 2017 :

Prime principale PP	10 TND	10 TND	10 TND	10 TND	10 TND
Catégories	Poids lourd (PT > 3,5 T) du transport pour autrui.	Poids lourd (PT > 3,5 T) du transport privé	Transport privé poids léger (PT ≤ 3,5 T) ; poids lourd (PT > 3,5 T) à utilisation agricole, les engins agricoles et des chantiers ainsi que les tracteurs agricoles ; motocycle.	Utilisation personnelle	Poids léger (PT ≤ 3,5 T) à utilisation agricole
Taux PS	**5,66 ‰**	**5,11 ‰**	**3,93 ‰**	**2,75 ‰**	**2,51 ‰**

Tableau 22 : Les tarifs incendie de l'avenant d'avril 2017

-2- الحـريــــق (Incendie) :

* قسـط أساسي = 10,000 دينار

* قسـط إضـافي = ضرب قيمة السيارة في النسبة المحددة بالجدول التالي :

- نقل البضائع لحساب الغير : (العربات التي يتجاوز وزنها الجملي 3,5 طن).	- نقل البضائع للحساب الخاص (العربات التي يتجاوز وزنها الجملي 3,5 طن)	- نقل البضائع للحساب الخاص (العربات التي لا يتجاوز وزنها الجملي 3,5 طن). - الإستعمالات الفلاحية (العربات التي يتجاوز وزنها الجملي 3,5 طن) والآلات والجرارات الفلاحية - آلات الاشغال - الدراجات النارية.	- الإستعمال الشخصي	- الإستعمالات الفلاحية (العربات التي لا يتجاوز وزنها الجملي 3,5 طن).
‰ 5,66	‰ 5,11	‰ 3,93	‰ 2,75	‰ 2,51

Figure 26 : Les tarifs incendie de l'avenant d'avril 2017

Les tarifs incendie actuellement en vigueur se subdivisent en une prime principale fixée à 10 TND et une prime supplémentaire répertoriée en cinq pour millièmes :

- **Le taux 2,51** ‰ : englobe les catégories poids léger (PT $\leq$ 3,5 T) à utilisation agricole.
- **Le taux 2,75** ‰ : englobe la catégorie utilisation personnelle.
- **Le taux 3,93** ‰ : englobe les catégories motocycle, transport privé poids léger (PT $\leq$ 3,5 T), poids lourd (PT > 3,5 T), engins et tracteurs à utilisation agricole ainsi que les engins de chantiers.
- **Le taux 5,11** ‰ : englobe la catégories poids lourd (PT > 3,5 T) du transport privé.
- **Le taux 5,66** ‰ : englobe la catégories poids lourd (PT > 3,5 T) du transport pour autrui.

APPLICATION :(même énoncé que II)

Mr x a acheté une PICK-UP « TOYOTA HILUX » neuve d'une valeur de 128000 TND

Il hésite à l'enregistrer en utilisation agricole ou personnelle. Calculer la prime incendie HT dans les deux cas.

REPONSE :

La prime principale est fixée à 10 TND donc PP = 10 TND

La prime supplémentaire varie selon l'utilisation :

- **Utilisation agricole** donc le taux 2,51 ‰ de la **VV= VAN= 128000 TND puisque la** Vétusté = O (voiture neuve) donc PS = 128000 * 2,51 ‰ = 321,28 TND

Remise 10% sur PS = 0,1* 321,28 = 32,128 TND

P. incendie. HT = PP+PS = (10+321,28) -32,128 **=299,152 TND**

- **Utilisation personnelle** donc le taux 2,75 ‰ de la **VV= VAN= 128000 TND puisque la** Vétusté = 0 (voiture neuve) donc PS = 128000 * 2,75 ‰ = 352 TND

  Remise 10% sur PS = 0,1* 352= 35,2TND

  P. incendie. HT = PP+PS = (10 +352) – 35,2 = 326,8 TND

Remarque importante :

L'avenant de 2017 dans son deuxième article donne au client une remise obligatoire de 10% sur la prime supplémentaire (PS) du vol et d'incendie

الفصـــل 2 (فقرة 2 جديدة) :

إلا أنه يجب على مؤسسات التأمين منح تخفيض بنسبة 10 % من قيمة تعريفات ضماني السرقة والحريق المحدّدة بمقتضى هذا الإتّفاق وذلك بالنسبة لتأمين الإستعمالات الموالية.

وينطبق هذا التخفيض على الأقساط الإضافية فقط لضماني السرقة والحريق وذلك كما يلي :

Figure 27 : Article 2 de l'avenant de 2017

SECTION 4 : La garantie tierce

I. Définition de la garantie tierce :

Il s'agit d'une garantie complémentaire qui permet aux assurés d'augmenter leur protection et de garantir un remboursement des frais liés aux éventuels dommages causés à leur véhicule lors d'un sinistre. La garantie tierce « collision » prend en charge l'indemnisation des dommages matériels ayant été subis par la voiture lors d'un accident tel que les frais de réparation du véhicule suite à une collision, qu'il s'agisse d'un accident avec un autre véhicule, un piéton ou un animal domestique. Cependant, pour que la garantie tierce collision s'applique, deux conditions doivent être respectées :

- Le responsable de la collision doit être identifié. Ainsi en cas de délit de fuite du responsable ou de collision avec un animal sauvage, la garantie tierce collision ne pourra pas être sollicitée par l'assuré pour une indemnisation.

- Les dommages subis par la voiture doivent être la conséquence d'une collision. S'ils résultent d'une tentative d'évitement de la collision, la garantie ne peut entrer en jeu. C'est le cas si, par exemple, en tentant d'éviter la collision avec un autre véhicule, l'assuré vient à heurter un arbre.

La garantie tierce ne prend jamais en charge une collision avec un mur, un arbre ou un panneau de signalisation. Elle pourra en revanche être sollicitée et permettra la prise en charge des dommages en cas de collision avec un autre véhicule ; un piéton ; un cycliste ; un motard ; un animal (si son propriétaire est identifié).

II. Les tarifs de la garantie tierce :

En Tunisie les tarifs tierce n'ont pas été pris en compte par deux modifications après la convention de 2002 :

1. Les tarifs de la garantie tierce sans franchise

Utilisation	PP en TND	PS = VV*les taux suivants :
Utilisation personnelle	22	32 ‰
Transport privé poids léger (PT ≤ 3,5 T)	22	45 ‰
Transport privé poids lourd (PT > 3,5 T)	50	50 ‰
Utilisation agricole poids léger (PT ≤ 3,5 T)	19	32 ‰
Utilisation agricole poids lourd (PT > 3,5T) engins et tracteur agricole	25	32 ‰
Véhicule des hôtels et d'agence de voyage	50	50 ‰
Véhicule de transport des enfants, les membres et les agents des associations	50	50 ‰

Tableau 23 : Les tarifs de la garantie tierce sans franchise

-4- الأضرار التي تلحق العربة

أ. الأضرار التي تلحق العربة (بدون بقاء نسبة من التعويض على ذمة المؤمن له) :.
(Dommages sans franchise)

الإستعمالات	قسط أساسي	مع قسط إضافي يساوي ضرب قيمة السيارة « كالقول تواس » يوم الإكتتاب في النسب التالية
الإستعمال الشخصي	22,000 دينار	32 % ،
نقل البضائع للحساب الخاص : (العربات التي لا يتجاوز وزنها الجملي 3,5 طن)	22,000 دينار	45 ‰
نقل البضائع للحساب الخاص : (العربات التي يتجاوز وزنها الجملي 3,5 طن)	50,000 دينار	50 ‰
الإستعمالات الفلاحية (العربات التي لا يتجاوز وزنها الجملي 3,1 طن)	19,000 دينار	32 ‰
الإستعمالات الفلاحية (العربات التي يتجاوز وزنها الجملي 3,5 طن) والآلات والجرارات الفلاحية)	25,000 دينار	32 ‰
عربات النزل ووكالات الأسفار	50,000 دينار	50 ‰
عربات معدة خصيصا لنقل الأطفال أعضاء وأعوان الجمعيات	50,000 دينار	50 ‰

Figure 28 : Les tarifs de la garantie tierce sans franchise

2. **Définition d'une franchise**

On désigne comme franchise en assurance auto, la somme qui restera à votre charge après l'indemnisation d'un sinistre par votre assureur. Ce montant peut soit prendre la forme d'une somme fixe en TND, soit correspondre à un pourcentage du montant de l'indemnisation, soit une combinaison de ces deux modes de calcul. « Vol de véhicule », « incendie », « bris de glace », « dommage collision », « protection juridique » … toutes ces garanties peuvent être accompagnées d'une franchise, mais en Tunisie seule l'assurance tierce est prise en franchise.

La franchise automobile a pour principal objectif de responsabiliser les automobilistes. Les assureurs partagent ainsi les risques avec leurs assurés, si un accident responsable survient, chacun est dans l'obligation de couvrir une partie de la somme à rembourser. De plus, le remboursement de l'assurance n'est pas intégral lors d'un incident, mais se calcule selon la franchise, qui représente une partie du coût de l'incident que seul l'assuré doit s'en charger.

En définitive, sur des dégâts qui coûteraient 20000 TND, si l'assuré possède un contrat d'assurance avec une franchise de 7000 TND, il devrait payer à ses frais 7000 TND de réparation, l'assurance se charge du restant due, soit 13000 TND. Cette franchise est négociable en fonction de la cotisation, forcément, plus la prime est élevée moins il y'a de franchise et inversement.

Les détails franchise sont présentés dans le paragraphe suivant :

3. **Les tarifs de la garantie tierce avec franchise :**

		% indemnisation à la charge de l'assuré						
		1%	**2%**	**4%**	**6%**	**12%**	**16%**	**20%**
Utilisation personnelle	PP	21,75	19	15	12,8	9	8	6
	PS	26,5‰	21‰	17‰	**13‰**	**9‰**	**7‰**	**4‰**
Transport privé poids léger (PT ≤ 3,5 T)	PP	21,75	20,8	19	18	13	11	9
	PS	37,5‰	**30‰**	**23‰**	**18‰**	**13‰**	**9‰**	**8‰**
Transport privé poids lourd (PT > 3,5 T)	PP		41,5	36,5	31	26	22	18
	PS		**45‰**	**32‰**	**26‰**	**19‰**	**14‰**	**10‰**
Utilisation agricole poids léger (PT ≤ 3,5 T)	PP	16,05	15	10,5	8,5	7	6	5
	PS	**24,9‰**	**21‰**	**17‰**	**13‰**	**9‰**	**7‰**	**4‰**
Utilisation agricole poids lourd (PT > 3,5T)	PP	20,5	15	10,5	8,5	7	6	5
	PS	**30‰**	**21‰**	**17‰**	**13‰**	**9‰**	**7‰**	**4‰**
Transport pour autrui poids lourd (PT > 3,5 T)	PP		73	61	52	44	36	28,5
	PS		**52‰**	**39‰**	**31‰**	**23‰**	**18‰**	**13‰**
Véhicule des hôtels et d'agence de voyage	PP		32,5	29	26	23	20	17
	PS		**45‰**	**35‰**	**28‰**	**21‰**	**17‰**	**13‰**
Véhicule de transport des enfants, les membres et les agents des associations	PP		28	24	20	16	12	8
	PS		**47,5‰**	**35‰**	**28‰**	**21‰**	**17‰**	**13‰**
Auto-école	PP		31,5	28,5	25,5	22,5	19,5	16,5
	PS		**31‰**	**27‰**	**23‰**	**19‰**	**16‰**	**11‰**

Tableau 24 : Les tarifs de la garantie tierce avec franchise

ب. الأضرار التي تلحق العربة (مع بقاء نسبة من التعويض على ذمة المؤمن له) :
(Dommages avec Franchise)

بالدينار

نسبة من التعويض على ذمة المؤمن له								
20%	16%	12%	8%	4%	2%	1%		
6,000	8,000	9,000	12,500	15,000	19,000	21,750	قسط أساسي	الإستعمال الشخصي
4 ‰	7 ‰	9 ‰	13 ‰	17 ‰	21 ‰	26,50 ‰	قسط إضافي	
9,000	11,000	13,000	16,000	19,000	20,500	21,750	قسط أساسي	نقل البضائع للحساب الخاص : العربات التي لا يتجاوز وزنها 3,5 طن
8 ‰	9 ‰	13 ‰	18 ‰	23 ‰	30 ‰	37,5 ‰	قسط إضافي	
18,000	22,000	26,000	31,000	36,500	41,500		قسط أساسي	نقل البضائع للحساب الخاص : العربات التي يتجاوز وزنها الجملي 3,5 طن
10 ‰	14 ‰	19 ‰	26 ‰	32 ‰	45 ‰		قسط إضافي	
5,000	6,000	7,000	8,500	10,500	15,000	16,050	قسط أساسي	الإستعمالات الفلاحية : العربات التي لا يتجاوز وزنها الجملي 3,5 طن
4 ‰	7 ‰	9 ‰	13 ‰	17 ‰	21 ‰	24,90 ‰	قسط إضافي	
5,000	6,000	7,000	8,500	10,500	15,000	20,500	قسط أساسي	الإستعمالات الفلاحية : العربات التي يتجاوز وزنها الجملي 3,5 طن
4‰	7‰	9‰	13‰	17‰	21 ‰	30 ‰	قسط إضافي	
28,500	36,000	44,000	52,000	61,000	73,000		قسط أساسي	نقل البضائع لحساب الغير : العربات التي يتجاوز وزنها الجملي 3,5 طن
13 ‰	18 ‰	23 ‰	31 ‰	39 ‰	52 ‰		قسط إضافي	
17,000	20,000	23,000	26,000	29,000	32,500		قسط أساسي	عربات النزل ووكالات الأسفار
13 ‰	17 ‰	21 ‰	28 ‰	35 ‰	45 ‰		قسط إضافي	
8,000	12,000	16,000	20,000	24,000	28,000		قسط أساسي	عربات معدة خصيصا لنقل الأطفال أعوان وأعضاء الجمعيات
13 ‰	17 ‰	21 ‰	28 ‰	35 ‰	47,5 ‰		قسط إضافي	
16,500	19,500	22,500	25,500	28,500	31,500		قسط أساسي	تعليم السياقة
11 ‰	15 ‰	19 ‰	23 ‰	27 ‰	31 ‰		قسط إضافي	

Figure 29 : Les tarifs de la garantie tierce avec franchise

APPLICATION :

Enoncée :

1. Mr x a importé de la France une belle Clio Dynamique DCI d'une valeur de 40 000 TND, il hésite entre quatre propositions, soit l'offrir à sa **femme**, soit la mettre en exploitation dans son **hôtel** ou dans son **autoécole** ou dans son **association**. Il hésite aussi entre les taux 4 ,12 et 20 ‰. En prenant la prime dommage avec franchise le seul critère retenu, quelle sera alors la décision optimale de Mr X ?

Réponse :

Les taux de franchise pour chaque décision et chaque taux sont résumés dans le tableau suivant :

		% indemnisation à la charge de l'assuré		
		4%	**12%**	**20%**
Utilisation personnelle (sa femme)	PP	15	9	6
	PS	17‰	**9‰**	**4‰**
Véhicule des hôtels et d'agence de voyage (son hôtel)	PP	29	23	17
	PS	**35‰**	**21‰**	**13‰**
Véhicule de transport des enfants, les membres et les agents des associations (son association)	PP	24	16	8
	PS	**35‰**	**21‰**	**13‰**
Auto-école	PP	28,5	22,5	16,5
	PS	**27‰**	**19‰**	**11‰**

La VV de la Clio est estimée à 40 000 TND donc les valeurs de la prime sont résumées dans le tableau suivant :

		% indemnisation à la charge de l'assuré			**Classement**
		4%	**12%**	**20%**	
Utilisation personnelle (sa femme)	PP	15	9	6	
	PS	680	360	160	
Prime totale	PT	**695**	**369**	**166**	**1**
Véhicule des hôtels et d'agence de voyage (son hôtel)	PP	29	23	17	
	PS	1400	840	520	
Prime totale	PT	**1429**	**863**	**537**	**4**
Véhicule de transport des enfants, les membres et les agents des associations (son association)	PP	24	16	8	
	PS	1400	840	520	
Prime totale	PT	**1424**	**856**	**528**	**3**
Auto-école	PP	28,5	22,5	16,5	
	PS	1080	760	440	
Prime totale	PT	**1108,5**	**782,5**	**456,5**	**2**

Décisions :

- **TAUX 4%** : Sa femme ensuite son Auto-école ensuite son association et enfin son hôtel.
- **TAUX 12 % : Même classement.**
- **TAUX 20 % : Même classement.**

2. Mr X est satisfait de votre travail et vous demande aussi de lui conseiller l'utilisation optimale de son camion Iveco (Poids à vide PAV = 15 Tonnes, Charge Utile CU = 10 Tonnes et Puissance Fiscale PF = 25 cv Valeur vénale VV = 110 000 TND) importé sur son agrément et il hésite entre les trois utilisations agricoles, privée ou pour autrui. Il hésite aussi entre les taux 2 ,6 et 16 ‰. En prenant la prime dommage avec franchise le seul critère retenu, quelle sera alors la décision optimale de Mr X ?

		% indemnisation à la charge de l'assuré			Classe ment
		2%	**6%**	**16%**	
Transport privé poids lourd (PT > 3,5 T)	PP	41,5	31	22	
	PS	4950	2 860	1 540	
Prime totale		**4991,5**	**2 891**	**1 562**	**2**
Utilisation agricole poids lourd (PT > 3,5T)	PP	15	8,5	6	
	PS	2 310	1 430	770	
Prime totale		**2 325**	**1438,5**	**776**	**1**
Transport pour autrui poids lourd (PT > 3,5 T)	PP	73	52	36	
	PS	5 720	3 410	1 980	
Prime totale		**5 793**	**3 462**	**2 016**	**3**

Décisions :

- **TAUX 2%** : Utilisation agricole, ensuite Transport privé et enfin Transport pour autrui.
- **TAUX 6 % : Même classement.**
- **TAUX 16 % : Même classement.**

SECTION 5 : Les garanties non conventionnées (complémentaires) :

Plusieurs produits ont été créés, innovés ou imités par les sociétés des assurance tunisiennes on les appelle les produits complémentaires. Les garanties complémentaires peuvent être accordées moyennant des primes différentes. Il s'agit en fait de racheter quelques exclusions concernant : Les dommages accidentels résultant de la force de la nature et d'émeutes et mouvements populaires. Incendie et explosions résultant des émeutes, mouvements populaires, actes de terrorisme et de sabotage. Accessoires non essentiels, radiocassette, téléphone, climatiseurs, bagages, effets personnels. Bris de glace (pare-brise, lunette arrière et vitres).

I. Assurance Bris de Glaces

1. Objet et étendue de la garantie :

L'assureur assure au lieu indiqué aux Conditions Particulières les glaces, verres, marbres et autres objets énumérés aux Conditions Particulières contre le bris occasionné soit par le fait de l'assuré, de ses préposés, salariés ou des personnes de sa maison, soit par le fait d'imprudence ou de malveillance des tiers, soit par le tassement des immeubles ou par le jet de l'extérieur d'objet quelconques, soit par suite de rixe.

Sont garantis également les bris résultant des effets de la chaleur artificielle, du gaz et de l'électricité.

L'assureur peut assurer aussi, moyennant stipulation spéciale :

- Les inscriptions, décorations, gravures, les lettres et attributs peints ou appliqués, les biseaux, joints polis ou chanfreins et autres façonnages avec l'indication de leur valeur.
- Les dégâts aux parties non visées ci-dessus des devantures et les dommages aux marchandises, lorsque lesdits dégâts et dommages sont la conséquence directe du bris des objets assurés, par suite de fait accidentel ou malveillant de tiers circulant à l'extérieur des locaux.

2. **Risques exclus**

- **Exclusions Rachetables**

Sont exclus de la garantie du présent contrat sauf convention spéciale et moyennant surprimes les dommages résultants :

✓ De grèves, émeutes ou mouvements populaires. Il appartient à l'assureur de prouver que les dommages résultent de l'un de ces événements.
✓ De l'ébranlement résultant du franchissement du « Mur du Son » par un appareil de navigation aérien.
✓ De tempêtes, ouragans, trombes, tornades ou cyclones.
✓ De vols ou de tentatives de vol. La charge de la preuve incombe à l'assureur.
✓ D'une chute de grêle.

- **Exclusions Absolues**

Sont toujours exclus :

- ✓ Les dommages survenant au cours de tous travaux autres que ceux de simple nettoyage, effectués sur les objets assurés, sur les encadrements, agencements ou soubassements ou clôtures ou au cours de leur pose, dépose, transfert ou entrepôt.
- ✓ Les dommages occasionnés par le défaut d'entretien des encadrements ou soubassements.
- ✓ Les dommages résultants, pour l'assuré, du trouble, du retard ou de l'interruption que les dégâts et/ou leurs réparations pourraient apporter dans ses affaires.
- ✓ Les dommages consistant en rayures, ébrèchements ou écaillements des objets assurés ou en détérioration de leur argenture ou peinture.
- ✓ Les dommages résultant d'un incendie ou d'une explosion de toute nature.
- ✓ Les dommages causés par un tremblement de terre, une éruption volcanique, une inondation, un raz-de-marée (Tsunami) ou par la chute de la foudre.
- ✓ Les dommages dus aux effets directs ou indirects d'explosion, de dégagement de chaleur, d'irradiation provenant de l'accumulation de noyaux d'atome ou de la radioactivité, ainsi que les sinistres dus aux effets de radiations provoquées par l'accélération artificielle de particules.

- ✓ Les dommages corporels et les dégâts matériels causés aux tiers par la chute des débris.

Principe de calcul : il n'existe pas en réalité un texte précis ou une convention carde qui fixe le montant de la surprime à payer dans toutes les garanties complémentaires donc le montant varie d'une société à une autre en subissant la loi de l'offre e la demande et les tensions concurrentielles entre les sociétés des assurances malgré que leurs comportements en Tunisie donnent l'impression d'un marché d'entente oligopolistique.

Dans le cas de cette garantie le montant de la prime est estimé à **5%** du Capital Bris de Glace (CBG) plafonné à **5000** TND Max et **400** TND Min.

Le CBG est le montant maximal de l'indemnité qui peut recevoir l'assuré pendant une année entière :

Capital Bris de Glaces (en TND)	Prime de Bris de Glaces (en TND)
5000	250
4000	200
3000	150
2000	100
1000	50
800	40
400	20

Tableau 25 : Tarifs Bris de Glaces

II. Assistance Automobile :

Il s'agit d'un service innovant destiné à décharger les assurés des soucis majeurs en cas d'accident. L'assistance automobile est commercialisée sous forme d'une garantie annexée au contrat d'assurance automobile offrant plusieurs avantages et permettre à l'assuré de réconcilier déplacements et sérénité.

C'est assister l'assuré lorsqu'il se trouverait en difficulté suite à un accident de la circulation avec le véhicule assuré, survenu au cours de son voyage sur tout le territoire Tunisien, et l'accompagne dès le remplissage du constat amiable d'accident jusqu'à la récupération du véhicule réparé. La solution d'assistance en cas d'accident se résume en 5 prestations :

1. L'assistance pour le remplissage du constat amiable d'accident :

Le conseiller de la société d'assurance aide l'assuré généralement par téléphone ou par tout autre moyen de communication, à remplir convenablement le constat amiable d'accident, fournit les conseils nécessaires pour préserver son droit à la prise en charge et explique la procédure à suivre

2. Le remorquage & grutage :

Lors de l'immobilisation du véhicule pour une raison ou une autre, le conseiller envoie le dépanneur pour remorquer le véhicule accidenté vers le réseau réparateur le plus proche.

3. La prise en charge des frais de réparation :

Le système de prise en charge englobe nécessairement les tâches suivantes :

- L'expertise du véhicule et l'affectation du réparateur.
- La détermination des responsabilités.
- Le suivi de la réparation à la place du l'assuré.
- Le contrôle de la conformité des factures avec le rapport d'expertise.
- L'exercice du recours.
- Le paiement des réparateurs.
- La constitution du dossier sinistre pour remboursement auprès de la compagnie d'assurance

1. La solution de mobilité à domicile :

Pendant la période effective de la réparation du véhicule pris en charge, l'assureur met à la disposition de l'assuré une voiture de remplacement à son domicile à partir de la date du commencement des travaux de réparation jusqu'à la date de la récupération du véhicule réparé. A la fin des réparations, l'opération inverse va être réalisée.

III. Assurance tous risques :

C'est un produit très sollicité, commerçable voir même indispensable dans plusieurs cas (Leasing, location …) à partir duquel, certains assurés prétendent être assurés en tous risques lorsqu'ils souscrivent à la garantie tierce, alors que cette garantie ne constitue qu'un seul risque qui couvre le corps du véhicule assuré lors d'un accident. La signification de l'assurance tous risques ou multirisques doit être comprise de cette manière : c'est l'assurance qui comporte l'ensemble des garanties suivantes : Responsabilité Civile ; Vol du véhicule ; Incendie du véhicule ; Tierce ; Défense et recours. Donc

$$\boldsymbol{ATR = RC + V + I + T + D\&R}$$

On constate par ailleurs, que I 'assurance personnes transportées n 'est pas comprise dans l'assurance tous risques ainsi que les garanties bris de glace, affaires et objets personnelles, pièces accessoires etc…

IV. L'assurance « Personnes Transportées »

L'assuré tel qu'il est défini par l'article premier du décret n° 61-80 du 30 Janvier 1961, son conjoint, ses ascendants et descendants en ligne directe ne peuvent bénéficier d'aucune indemnisation au titre de l'assurance responsabilité civile. Ses associés et aussi ses salariés à l'occasion de l'activité professionnelle. Le « tiers » est une personne étrangère au contrat d'assurance et qui bénéfice, de par la loi, des avantages de celui-ci. Cette personne est considérée comme tiers soit lorsqu'elle est en hors du véhicule soit quand elle y est transportée à titre gratuit ou onéreux.

1. Ne sont pas considérés comme tiers :

- ✓ Le père, la mère, le conjoint et les enfants du souscripteur de la police, du propriétaire du véhicule et du conducteur autorisé en leur qualité d'ascendants en ligne direct, lorsqu'ils sont transportés dans le véhicule assuré.

- ✓ Les salariés ou préposés des assurés au cours de l'exercice de leurs fonctions.
- ✓ Les associés des assurés lorsqu'ils sont transportés à l'occasion de leur activité professionnelle commune.

2. **Sont considérés comme tiers par déduction :**

- ✓ Les membres de la famille de l'assuré autres que les ascendants et descendants en ligne directe même s'ils transportés dans le véhicule assuré. Exemple : le frère, la sœur, la tante, l'oncle ….
- ✓ Les ascendants et descendants en ligne direct lorsqu'ils sont en dehors du véhicule assuré.

C'est la raison pour laquelle a été créée l'assurance personnes transportées. Ce risque garantit des indemnités forfaitaires prévues au contrat en cas d'accident corporel subi par l'assuré ou par l'un de ses ascendants ou descendants en ligne directe lorsqu'ils sont transportés dans le véhicule assuré comportant un nombre de places précisé au contrat, ainsi que toute personne se trouvant à l'intérieur du véhicule.

Généralement, les sociétés des assurances en Tunisie proposent une tarification de personne transportée très proche de cet extrait :

3 - ASSURANCE DES PERSONNES TRANSPORTEES EN CABINE
(Selon nombre de places assises indiquées sur la carte gris

Garanties par personne Transportée		Prime nette par personne po 3 à 5 places
Décès	1 000 DRS	1,500 Drs
Invalidité	1 000 DRS	
Frais médicaux	100 DRS	
Décès	2 000 DRS	3 000 Drs
Invalidité	2 000 DRS	
Frais médicaux	200 DRS	
Décès	3 000 DRS	4,500 Drs
Invalidité	3 000 DRS	
Frais médicaux	300 DRS	
Décès	4 000 DRS	6,000 Drs
Invalidité	4 000 DRS	
Frais médicaux	400 DRS	
Décès	5 000 DRS	7,500 Drs
Invalidité	5 000 DRS	
Frais médicaux	400 DRS	

Figure 30 : Exemple de tarification de personne transportée

	Indemnisations		
Prime nette par Personne	**Décès**	**Invalidité**	**Frais Médicaux**
1,5	1000	1000	100
3	2000	2000	200
4,5	3000	3000	300
6	4000	4000	400
7,5	**5000**	**5000**	**400**

Tableau 26 : Exemple de tarification de personne transportée

Généralement c'est la dernière prime qui est appliqué pour l'assuré avec une surtaxe de 1,250TND.

Donc pour une voiture de cinq places on déduit la place du chauffeur :

Prime nette = 04 Places * 7,5 = 30 TND + surtaxe 1,250 donc le client va payer 31,250 TND comme l'atteste le devis suivant :

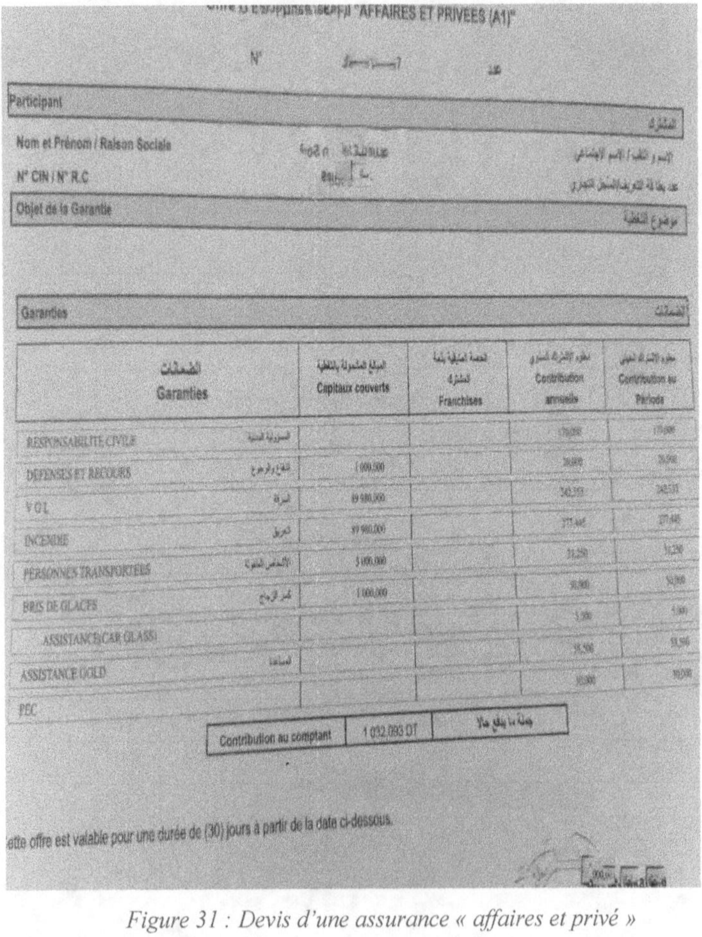

"AFFAIRES ET PRIVEES (A1)"

N°

Participant

Nom et Prénom / Raison Sociale

N° CIN / N° R.C

Objet de la Garantie

Garanties

Garanties	Capitaux couverts	Franchises	Contribution annuelle	Contribution au Période
RESPONSABILITE CIVILE			[illegible]	[illegible]
DEFENSES ET RECOURS	1 000,000		[illegible]	[illegible]
VOL	[illegible]		[illegible]	[illegible]
INCENDIE	[illegible]		[illegible]	[illegible]
PERSONNES TRANSPORTEES	5 000,000		31,250	[illegible]
BRIS DE GLACES	1 000,000		[illegible]	[illegible]
ASSISTANCE(CAR GLASS)			[illegible]	[illegible]
ASSISTANCE GOLD			[illegible]	[illegible]
PEC			[illegible]	[illegible]

Contribution au comptant	1 032,093 DT

Cette offre est valable pour une durée de (30) jours à partir de la date ci-dessous.

Figure 31 : Devis d'une assurance « affaires et privé »

IV. Assurance frontière :

1. Définition :

La souscription d'une assurance frontière est obligatoire pour les conducteurs automobiles qui se déplacent avec un véhicule non immatriculé dans la zone carte verte d'assurance. Malgré une baisse du nombre de touristes, l'adhésion aux assurances spécialisés comme l'assurance frontière qui est obligatoire, restent stables en volume. Ils peuvent adhérer à une assurance conforme aux codes des assurances, pour pouvoir circuler sur le territoire tunisien et garantir ainsi les risques provoqués le véhicule étranger. La validité de cette assurance est de 8 jours à 3 mois. C'est un contrat provisoire à durée ferme. L'assurance frontière est usuellement en anglais, *insurance frontier*, est régit par le code des assurances, qui précise qu'une assurance auto est obligatoire, conformément à la circulaire n° 1/ 2007 du 27 janvier 2007 qui précise que l'état Tunisien , doit pouvoir vérifier et contrôler toute automobile qui pénètre sur son territoire et ne peut circuler, que si celui celle-ci dispose d'une assurance frontière, qui couvre les dommages et accidents de circulation que pourrait causer un véhicule à des tiers, des dégâts matériels, ou corporels sur le territoire tunisien .

Pour cela, et afin de pouvoir contrôler les véhicules qui circulent en Tunisie, le respect des dispositions doit être matérialisé, par la présentation du conducteur ou propriétaire, d'une carte verte et plus précisément d'un certificat d'assurance frontière. La carte verte d'assurance peut être délivrée à un conducteur étranger seulement, si une assurance frontière a été préalablement souscrite, et les deux documents sont associés. Donc, lors d'un contrôle par les forces de l'ordre Tunisiennes, il doit présenter le contrat d'assurance conforme à l'assurance frontière et la carte d'assurance associée aux conditions particulière du contrat automobile, et délivré par un assureur tunisien.

2. Le système de la carte verte :

Lancé en 1949 et s'est limité au départ aux pays européens puis s'est élargi pour grouper d'autres pays. La Tunisie y a adhéré au 23 Mai 1967.

Le système se base actuellement sur le règlement général, c'est-à-dire un document unique qui englobe toutes les règles régissant les relations des bureaux centraux entre eux et leur relation avec le conseil des bureaux qui gère ce système. La carte verte est une carte internationale d'assurance auto ou la prolongation de l'effet du contrat de responsabilité civile auto, souscrit au pays d'origine, aux pays qui y sont inscrits.

La garantie de l'assurance frontière voiture, couvre uniquement le risque d'accident responsabilité civile, la couverture dommage tout accident n'est pas proposé, sur ce type de contrats, et doit être conforme aux obligations imposées par le code des assurances. Sur le certificat d'assurance (carte verte) doit être précisé clairement selon les obligations dictées par le bureau central de tarification :

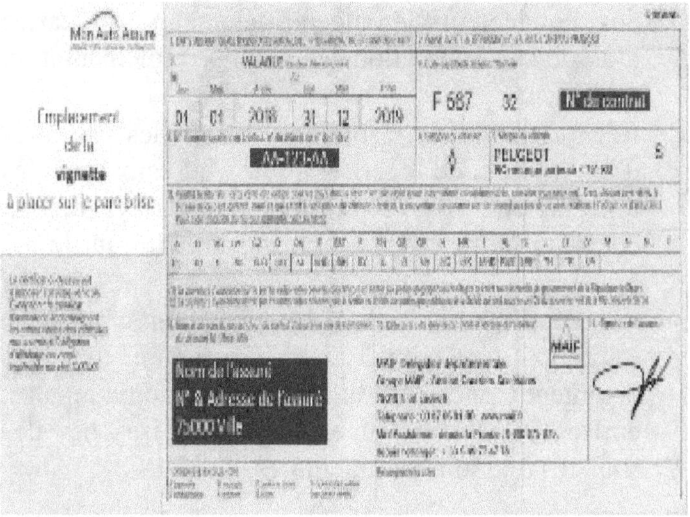

Figure 32 : exemple de carte verte (source : https://mon-auto-assure.com/carte-verte)

3. Bureau Unifié Tunisien d'Automobile (BUAT) :

Le BUAT est une association professionnelle crée en application de l'article de l'article 114 du code d'assurance, regroupant les sociétés d'assurances actives dans le domaine d'assurance automobile, chargé de l'application des conventions conclues avec les pays étrangers adhérents aux régimes des cartes internationales d'assurances.

Plusieurs attributions ont été imputées au BUAT dont on peut citer :

- Emission des cartes d'assurance internationales (vertes et oranges) au profit des clients des sociétés d'assurances membres.
- Intervention pour la régularisation des accidents de la route intervenant sur le sol tunisien et impliquant

des conducteurs étrangers détenteurs de cartes d'assurance internationales, selon la règlementation en vigueur.

- Récupération des sommes dues des sociétés d'assurances étrangère ou des bureaux qui les représentent, payés sous forme d'avance en dédommagement des accidents survenus sur le sol tunisien.
- Assurer l'indemnisation des accidents survenus à l'étranger dont fait part des ressortissants tunisiens détenteurs de cartes d'assurance internationales, émises par le bureau et commercialisés par des sociétés d'assurances membres.

Le bureau a démarré ses activités en 2006 en remplacement du bureau tunisien de l'automobile, gérée auparavant par l'assurance STAR depuis l'adhésion de la Tunisie aux systèmes de carte internationales oranges et vertes.

4. Le système de la carte orange :

Un système inspiré du système de la carte verte, adopté par les pays arabes dans le but d'encourager le trafic terrestre entre les pays membres et faciliter le traitement des sinistres. Il est régi par les accords suivants :

- Carte d'assurance unique pour le trafic automobile à travers les pays arabes signé à Tunis le 26 Avril 1975.
- L'accord de Tunis du 19 Juin 1995 adoptant l'application de la carte d'assurance unique à travers les pays arabes.

- L'accord de création du bureau régional unique entre les sociétés nationales d'assurances opérant dans un pays membre. Ces bureaux régionaux représentent un point de relais entre les sociétés d'assurances membres et les autres bureaux régionaux.

Le bureau unifié automobile tunisien assure les taches d'un bureau régional unique, y compris la préparation et l'organisation de l'émission des cartes orange, la réception des demandes d'indemnisation des accidents survenu sur le territoire tunisien et l'attribution des indemnisations dues.

La carte orange est l'attestation d'assurance unifié entre les pays arabe qui renferme des conditions et règles spécifique et générales du système d'indemnisation des accidents de la route. Similairement à la carte verte, la carte orange est considérée comme la prolongation de l'effet du contrat de responsabilité civile auto, souscrit au pays d'origine, aux pays qui y sont inscrits.

5. Les tarifs :

Les tarifs de l'assurance frontière pour les utilisateurs de véhicules terrestres à moteur non immatriculé dans l'une des séries d'immatriculation en usage en Tunisie ont été révisées depuis 2007 en 2015 et 2018 :

- **Les tarifs frontières 2015 :**

Usage	Durée de l'assurance				
	8 jours	15 jours	30 jours	2 mois	3 mois
2 roues	24	42	60	120	180
Affaire	36	60	84	168	252
Camions	60	102	120	240	360
Bus	84	156	204	408	612

EN TND

Tableau 27 : Tarif de l'assurance frontalière Circulaire N°02 /2015 du 09/11/2015

- **Les tarifs frontières 2018 :**

Usage	Durée de l'assurance				
	8 jours	15 jours	30 jours	2 mois	3 mois
2 roues	28	44	66	132	198
Affaire	40	66	88	176	264
Camions	66	110	127	254	381
Bus	88	165	215	430	645

EN TND

Tableau 28 : Tarif de l'assurance frontalière Circulaire N°1/2018 du 11/01/2018

جدول تعريفة التأمين الحدودي

(الوحدة بالدينار)

الإستعمالات	مدة التأمين				
	8 أيام	15 يوما	30 يوما	شهرين	ثلاثة أشهر
الدراجات النارية	28	44	66	132	198
الإستعمال الشخصي	40	66	88	176	264
الشاحنات	66	110	127	254	381
الحافلات	88	165	215	430	645

Figure 33 : Tarif de l'assurance frontalière Circulaire N°1/2018 du 11/01/2018

A première vue, les tarifs de l'assurance frontière pour les utilisateurs de véhicules terrestres à moteur non immatriculé dans l'une des séries d'immatriculation en usage en Tunisie, semblent être fixés arbitrairement mais si on approfondit l'analyse par le calcul du ratio de la prime payée par jours on trouve facilement une logique de surfacturation pour les courtes périodes (8 et 15 jours) alors que les trois autres périodes présentent le même ratio :

Usage	**Durée de l'assurance**				
	8 jours	**15 jours**	**30 jours**	**2 mois**	**3 mois**
2 roues	3 ,5	2,94	2,2	2,2	2,2
Affaire	5	4,4	2,94	2,94	2,94
Camions	8,25	7,33	4,23	4,23	4,23
Bus	11	11	7,17	7,17	7,17

Tableau 29 : Ratio de la prime payée par jours

Application 1 : Le Cas de Mr Mohammed Habib

Mr Mohammed Habib a acheté en 2021 une HYUNDAI CRETA neuve. Avant de finaliser l'achat, il a reçu, de son assureur, le devis suivant :

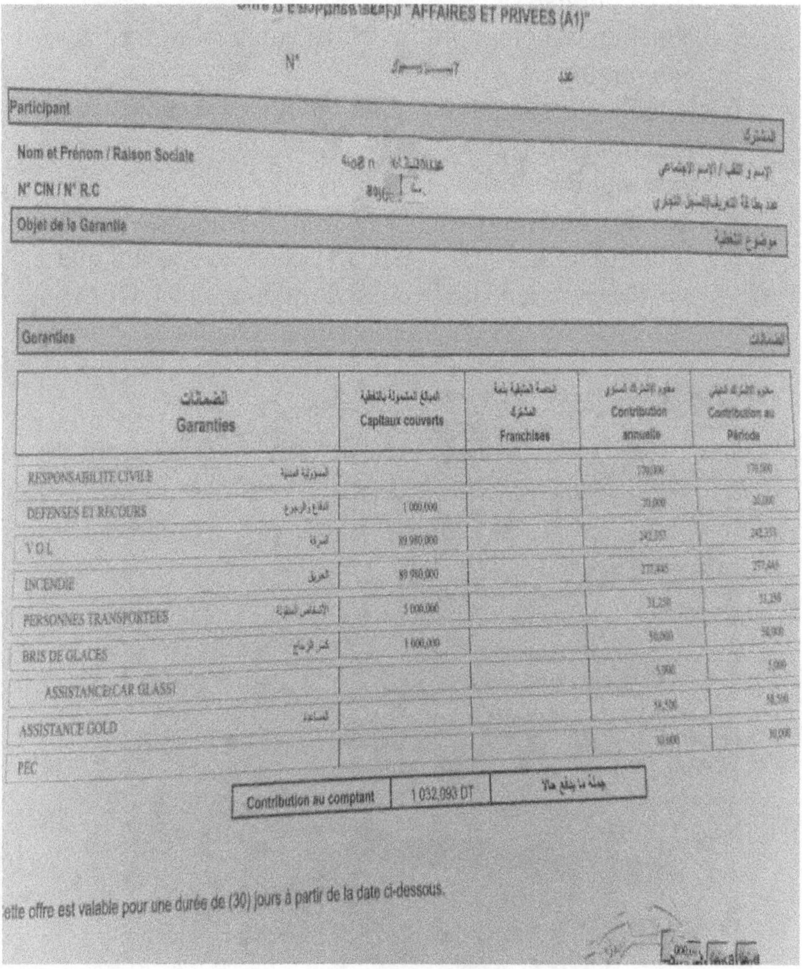

"AFFAIRES ET PRIVEES (A1)"

N° — عدد

Participant	**المشترك**
Nom et Prénom / Raison Sociale	الإسم و اللقب / الإسم الإجتماعي
N° CIN / N° R.C	عدد بطاقة التعريف/السجل التجاري
Objet de la Garantie	**موضوع التغطية**
Garanties	**الضمانات**

الضمانات Garanties		المبالغ المشمولة بالتغطية Capitaux couverts	الحصة المتبقية بذمة المشترك Franchises	معلوم الإشتراك السنوي Contribution annuelle	معلوم الإشتراك الجملي Contribution au Période
RESPONSABILITE CIVILE	المسؤولية المدنية			170,000	170,000
DEFENSES ET RECOURS	الدفاع و الرجوع	1 000,000		20,000	20,000
VOL	السرقة	89 980,000		242,257	242,255
INCENDIE	الحريق	89 980,000		277,445	277,445
PERSONNES TRANSPORTEES	الأشخاص المنقولة	5 000,000		31,238	31,238
BRIS DE GLACES	كسر البلور	1 000,000		50,000	50,000
ASSISTANCE CAR GLASS				5,000	5,000
ASSISTANCE GOLD	المساعدة			58,500	58,500
PEC				30,000	30,000

Contribution au comptant	1 032,093 DT	جملة ما يدفع حالا

Cette offre est valable pour une durée de (30) jours à partir de la date ci-dessous.

En se basant sur ce document répondre aux questions suivantes :

1. Quelle est la valeur vénale de la CRETA ?
2. Quelle est la puissance fiscale de la CRETA ?
3. Quelle est le nombre des places de la CRETA ?
4. Vérifier la compatibilité du montant D&R avec les conventions.
5. Vérifier la compatibilité du montant Vol avec les conventions.
6. Vérifier la compatibilité du montant Incendie avec les conventions.
7. Que signifie PEC ?
8. Les montants sont en HT ou TTC ? pourquoi ?
9. Déterminer la prime totale TTC tout en sachant que Mr Mohammed Habib possède déjà une PEUGEOT 508 HDI dont voici la police de l'assurance :

Attestation d'Assurance
ASSURANCES N° : T-34 / 001
ftusa
مؤسسة التامين : Entreprise d'Assurance
Intermédiaire — الوسيط — Contrat N° — A
عدد العقد — Classe
Du 24/04/2020
Au 23/04/2021
Assuré / Participant / Sociétaire — المؤمن له / المشترك
Nom et Prénom / Raison Sociale — اسم و لقب / الإسم الاجتماعي
MOHAMED HABIB
العنوان
Identification du Véhicule
Marque: PEUGEOT
Type: 8AFF
N° Série: VF38ET A... 007
Puissance Fiscale: 6 CV
Cylindrée
N° Imm.: STU166
Usage: PROMENADES ET AFFAIRES
Remorque
Pour l'entreprise

10. Mr Mohammed Habib a-t-il intérêt à élaborer un nouveau contrat ou de mettre la CRETA une deuxième voiture ? expliquer ?
11. Mr Mohammed Habib vous demande de calculer la prime totale TTC qu'il va payer pour les deux voitures sachant que la VV de la 508=1/3 VV CRETA.

SOLUTION :

1. A partir du document, VV CRETA= 89 980 TND.
2. A partir du document, la RCHT = 170 TND donc la CRETA appartient à la plage 7 CV jusqu'à 10 CV.
3. Le nombre des places de la CRETA peut être déduite du montant de la garantie personnes transportées 5000 TND donc prime par place = 7,5 TND donc

   31,250= 7,5 * 04 +1,25 TND surtaxe.

   Donc le nombre des places de la CRETA est de 04 places.
4. Le montant D&R est compatible avec la convention de Juin 2002

   (Garantie =1000 TND / P = 20 TND).

5. VOL :

La prime principale est fixée à 15 TND donc PP = 15 TND

La prime supplémentaire varie selon l'utilisation de la CRETA :

Utilisation personnelle donc le taux 2,36 ‰ de la VV= VAN= 89 980 TND puisque la Vétusté = 0 (voiture neuve) donc

PS = 89 980 TND * 2,36 ‰ = **212,3528** TND

Remise 10% sur PS = 0,1* 212,3528 = 21,235 TND

P. VOL. HT = PP+PS = (15+212,3528) – 21,235 **= 206,1178 TND**

Montant affiché = 242,353 donc **surfacturation de 36,2352 TND**

6. **INCENDIE :**

La prime principale est fixée à 15 TND donc PP = 10 TND

La prime supplémentaire varie selon l'utilisation de la CRETA :

Utilisation personnelle donc le taux 2,75 ‰ de la VV= VAN= 89 980 TND puisque la Vétusté = 0 (voiture neuve) donc

PS = 89 980 TND * 2,75 ‰ = **247,445** TND

Remise 10% sur PS = 0,1* 247,445= 24,7445 TND

P. incendie. HT = PP+PS = (10 + 247,445) – 24,7445= 232,7 TND

Montant affiché = 277,445 donc **surfacturation de 44,745 TND**

7. PEC = Prime Edition du Certificat dans d'autre certificat on trouve TC cad Tarif Contrat ou tarif certificat
8. Tous les montants des garanties sont en HT tel que la RCHT = 170 TND alors que les indemnisations et le net à payer sont en TTC
9. Mr Mohammed Habib possède déjà une PEUGEOT 508 HDI donc il n'est pas un nouveau conducteur et sa classe BM est la classe 04 (100 %)

La prime TTC peut se calculer de la façon suivante :

	HT	TAXE	TTC
RCHT	170	20,4	190,4
PEC	30,000	3,6	33,6
D&R	20	2	22
Vol	15	1,5	16,5
	206,117	20,611	226,729
Incendie	10	1	11
	232,7	23,27	255,97
Personne transportée	31,25	3,125	34,375
Assistance Car Glass	5	0,5	5,5
Assistance GOLD	58,5	5,85	64,35
Bris de Glaces	50	5	55
FGVAC		0,300	0,300
FSSR		0,500	0,500
FGA		1,000	1,000
TOTAL			917,224 TND

La prime TTC qui respecte toute la convention ne doit pas dépasser **917,224** TND

La somme des éléments affichés = 170 + 20 +…..+30 = 884,548 TND

Montant affiché = 1032,093 TND donc taxe globale de 147,545 TND donc un taux effectif supérieur à 16 % (16,68 %) et une surfacturation de 114,868 TND

10. La même chose parce qu'il est classe 04 donc nouveau contrat il va apporter avec lui sa classe (04) et la mettre en deuxième voiture c'est classe (04)

11. Prime TTC Peugeot 508 :

A partir du document, PF = 6 CV donc la RCHT = 140 TND

VOL PS = (89 980 TND :3) * 2,36 ‰ = **70,78 TND**

Remise 10% sur PS = 0,1*70,78 = 7 ,078 TND
PS = 70,78 - 7,078 = 63,702

Incendie PS = (89 980 TND : 3) * 2,75 ‰ = **82,48** TND

Remise 10% sur PS = 0,1* 82,48= 8,248 TND
PS = 82,48 - 8,248 =74,232 TND

	HT	TAXE	TTC
RCHT	140	16,8	156,8
PEC	30	3,6	33,6
D&R	20	2	22
Vol	15	1,5	16,5
	63,702	6,3702	70,072
Incendie	10	1	11
	74,232	7,4232	81,6552
Personne transportée	31,25	3,125	34,375
Assistance Car Glass	5	0,5	5,5
Assistance GOLD	58,5	5,85	64,35
Bris de Glaces	50	5	55
FGVAC		0,300	0,300
FSSR		0,500	0,500
FGA		1,000	1,000
TOTAL			552,652 TND

Prime totale à payer = 917,225 + 552,652 = 1469,877 TND

Application 2 : Le Cas de Mr KHALED

Mr KHALED vient d'acheter une Volkswagen Passat TDI à 70 000 TND.

En tant qu'expert en assurance il vous communique une copie de sa carte grise et demande de venir à son aide en répondant aux questions suivantes :

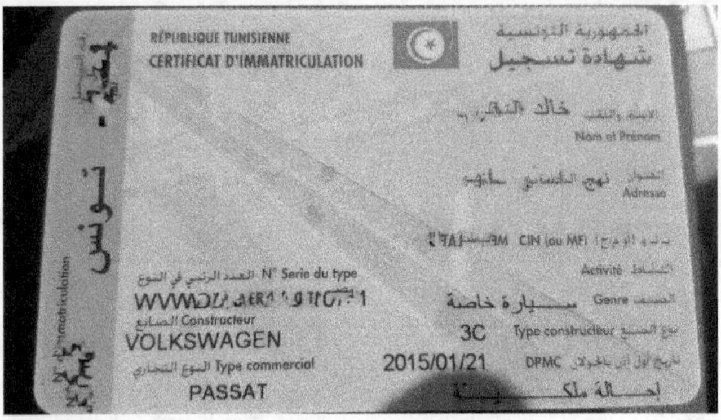

RÉPUBLIQUE TUNISIENNE الجمهورية التونسية
CERTIFICAT D'IMMATRICULATION شهادة تسجيل
الاسم واللقب Nom et Prénom
العنوان Adresse
CIN (ou MF)
Activité النشاط
Genre الصنف سيارة خاصة
Type constructeur نوع الصنع 3C
DPMC تاريخ أول إذن بالجولان 2015/01/21
العدد الرتبي في النوع N° Serie du type
الصانع Constructeur VOLKSWAGEN
النوع التجاري Type commercial PASSAT
N° d'immatriculation

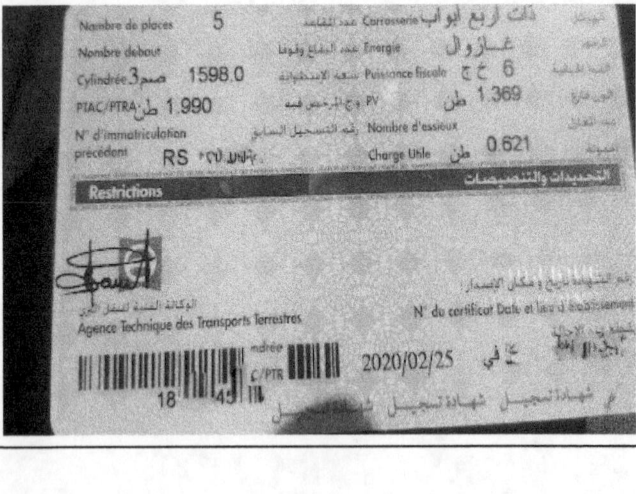

Nombre de places 5
Carrosserie عدد المقاعد ذات أربع أبواب
Nombre debout عدد المقاعد وقوفا
Energie غازوال
Cylindrée صم3 1598.0
Puissance fiscale القوة الجبائية 6
PTAC/PTRA طن 1.990
PV طن 1.369
N° d'immatriculation précédent RS
Nombre d'essieux
Charge Utile طن 0.621
Restrictions التحديدات والتخصيصات
الوكالة الفنية للنقل البري
Agence Technique des Transports Terrestres
N° du certificat Date et lieu d'établissement
2020/02/25 في
شهادة تسجيل

1. Mr KHALED a eu son premier contrat d'assurance à la même année de la fabrication de la PASSAT, déterminer alors sa classe Bonus-Malus le jour de l'achat de la PASSAT sachant qu'il n'a commis aucun accident.

2. En déduire le montant de la RCHT.
3. Si cette PASSAT présente une puissance réelle P = 88 KW et une émission moyenne de CO_2 = 95 g /km, alors, calculer sa PF en Tunisie et en France.
4. Calculer la garantie Vol HT sachant la VV = V d'achat (70 000 TND)
5. Même question pour la garantie Incendie.
6. La garantie Tierce sans franchise.
7. La garantie Bris de glaces (CBG = 2000 TND).
8. La garantie Personnes transportées (décès = 4000 TND).
9. La garantie Assistance GOLD.
10. Établir le tableau du calcul la prime annuelle TTC le jours de l'achat de la PASSAT.

11. Mr KHALED trouve le montant exorbitant et il vous demande de chercher le taux optimal de la franchise de tel sorte que la prime ne dépasse pas 820 TND.

12. Mr KHALED vous demande maintenant de lui expliquer l'assurance « tous risques » et de lui calculer le montant de la prime TTC qu'il doit payer avec le taux optimal de la franchise.

SOLUTION :

1. Date de fabrication :21/01/2015 Date d'achat :21/02/2020

Donc le système Bonus-Malus de Mr KHALED peut se présenter dans le tableau suivant :

ANNEE	CLASSE	ACCIDENT	BONUS	MALUS
2015	08	00	00	00
2016	08	00	**04 SB**	00
2017	04	00	00	00
2018	04	00	01	00
2019	03	00	00	00
2020	03	00	01	00

Donc la classe de Mr KHALED est la classe **03** (90% de la RCHT) atteinte depuis 2019

2. A partir de la copie de la carte grise la puissance fiscale PF est de 06 cv donc la **RCHT = 140 TND et** Mr KHALED va payer 90% * 140 TND = **126 TND** seulement.

3. En Tunisie : $\boldsymbol{PF} = \left(\frac{\boldsymbol{CO2}}{\mathbf{45}}\right) + \left(\frac{\boldsymbol{P}}{\mathbf{40}}\right)\ \hat{}\ \mathbf{1,6}$ avec :

PF : Puissance Fiscale ; CO2 : Émission de dioxyde de carbone (gr/Km) ; P : Puissance du moteur en kW (1 ch = 0,736 kW)

Donc $PF = \left(\frac{95}{45}\right) + \left(\frac{88}{40}\right)\text{^}1,6 = (2,11) + (2,2)\text{^}1,6 = 2,11 + 3,53 =$ **5,64 CV** arrondi au centime supérieur donc **PF = 06 CV**

En France, depuis janvier 2020, la puissance fiscale ne dépend plus que de la puissance du moteur :

$$\mathbf{PF = 0,00018\,P^2 + 0,0387\,P + 1,34}$$

Où : P désigne la puissance nette maximale, exprimée en kilowatts (kW). Donc

$$\mathbf{PF = 0,00018\,(88)^2 + 0,0387\,(88) + 1,34}$$

$$\mathbf{PF = 1,39392 + 3,4056 + 1,34 = 6,13952\ CV}$$

Arrondi au centime inferieur donc **PF = 06 CV**

4. **Utilisation personnelle** donc le taux 2,36 ‰ de la **VV**

   VV= V ACHAT= 70 000 TND donc PS = 70 000 * 2,36 ‰ = 165,2 TND

   Remise 10% sur PS = 0,1* 165,2 = 16,52 TND et PP= 15 TND

   P. VOL. HT = PP+PS = (15+165,2) – 16,52 **=163,68 TND**

5. **Utilisation personnelle** donc le taux 2,75 ‰ de la **VV**

   VV= V ACHAT= 70 000 TND donc PS = 70 000 * 2,75 ‰ = 192,5 TND

Remise 10% sur PS = 0,1* 192,5 = 19,25 TND et PP= 10 TND

P. incendie. HT = PP + PS = (10+ 192,5) – 19,25 = 183,25 TND

6. Tierce sans franchise PP = 22 TND

Utilisation personnelle donc le taux 32 ‰ de la **VV**

VV= V ACHAT= 70 000 TND donc PS = 70 000 * 32 ‰ = 2 240 TND

P. Tierce SF. HT = PP + PS = (2240 + 22) **=2262 TND**

7. Bris de glaces CBG = 2000 TND donc prime BG HT = 5% CBG = **100 TND**

8. Personnes transportées (décès = 4000 TND) donc Prime nette par Personne = 06TND

Nombre totale de place à partir de la carte grise = 5 places y compris le chauffeur

Prime totale Personnes Transportées HT = 04 * 06 = **24 TND**

9. Assistance GOLD Prime HT = **58,5 TND**

10. Le tableau de calcul de la prime TTC se présente de la façon suivante :

Sous les hypothèses suivantes :

- ✓ PEC HT = Tarif contrat = tarif certificat = 30 TND

- ✓ Pas de surtaxe et de sur tarification
- ✓ Pas de prise en compte de vétusté

	HT	TAXE	TTC
RCHT	126	15,12	141,12
PEC	30	3,6	33,6
D&R	20	2	22
Vol	15	1,5	16,5
	148,68	14,868	163,548
Incendie	10	1	11
	173,25	17,325	190,575
Personne transportée	24	2,4	26,4
Tierce Sans Franchise	**2240**	**224**	**2464**
Assistance GOLD	**58,5**	5,85	64,35
Bris de Glaces	100	10	110
FGVAC		0,3	0,3
FSSR		0,5	0,5
FGA		1	1
TOTAL			3244,893

Donc la prime TTC que payera Mr Khaled est de **3244,893** TND

11. On va expérimenter les trois taux suivants et se rapprocher de l'objectif avec tâtonnement :

Taux franchise	12%		16%		20%	
PP	9	9	8	8	6	6
PS	**9‰**	**63**	**7‰**	**49**	**4‰**	**28**
P TOTALE TND		**72**		**57**		**34**

✓ **Premier cas : Taux franchise = 12%**

	HT	**TAXE**	**TTC**
RCHT	126	15,12	141,12
PEC	30	3,6	33,6
D&R	20	2	22
Vol	15	1,5	16,5
	148,68	14,868	163,548
Incendie	10	1	11
	173,25	17,325	190,575
Personne transportée	24	2,4	26,4
Tierce avec Franchise 12 %	**72**	**7,2**	**79,2**
Assistance GOLD	58,5	5,85	64,35
Bris de Glaces	100	10	110
FGVAC		0,3	0,3
FSSR		0,5	0,5
FGA		1	1
TOTAL			860,093

Donc la prime TTC que payera Mr Khaled est de **860,093TND > 820 TND**

✓ **Deuxième cas : Taux franchise = 16 %**

	HT	TAXE	TTC
RCHT	126	15,12	141,12
PEC	30	3,6	33,6
D&R	20	2	22
Vol	15	1,5	16,5
	148,68	14,868	163,548
Incendie	10	1	11
	173,25	17,325	190,575
Personne transportée	**24**	2,4	26,4
Tierce avec Franchise 16%	**57**	5,7	62,7
Assistance GOLD	**58,5**	5,85	64,35
Bris de Glaces	**100**	10	110
FGVAC		0,3	0,3
FSSR		0,5	0,5
FGA		1	1
TOTAL			843,593

Donc la prime TTC que payera Mr Khaled est de **843,593TND > 820 TND**

✓ **Troisième cas : Taux franchise = 20%**

	HT	**TAXE**	**TTC**
RCHT	126	15,12	141,12
PEC	30	3,6	33,6
D&R	20	2	22
Vol	15	1,5	16,5
	148,68	14,868	163,548
Incendie	10	1	11
	173,25	17,325	190,575
Personne transportée	**24**	2,4	26,4
Tierce avec Franchise 20 %	**34**	3,4	37,4
Assistance GOLD	**58,5**	5,85	64,35
Bris de Glaces	**100**	10	110
FGVAC		0,3	0,3
FSSR		0,5	0,5
FGA		1	1
TOTAL			818,293

Donc la prime TTC que payera Mr Khaled est de **818,293TND < 820 TND**

Le taux optimal de franchise est de 20%

12. C'est l'assurance « tous risques » qui comporte l'ensemble des garanties suivantes : Responsabilité Civile ; Vol du véhicule ; Incendie du véhicule ; Tierce ; Défense et recours. Donc

$$ATR = RC + V + I + T + D\&R$$

En supposant le taux optimal de franchise est de 20% l'assurance « tous risques » présente moins de couverture que l'assurance multirisque et donc le montant de la prime TTC sera inférieur aux autres montants comme l'atteste le tableau suivant :

	HT	TAXE	TTC
RCHT	126	15,12	**141,12**
PEC	30	3,6	**33,6**
D&R	20	2	**22**
Vol	15	1,5	**16,5**
	148,68	14,868	**163,548**
Incendie	10	1	**11**
	173,25	17,325	**190,575**
Tierce avec Franchise 20 %	34	3,4	**37,4**
FGVAC		0,3	**0,3**
FSSR		0,5	**0,5**
FGA		1	**1**
TOTAL			617,543

Donc la prime TTC que payera Mr Khaled à titre « tous risques » est de **617,543 TND**

REFERENCES :

- ✓ Le code des obligations et des contrats (COC) l'article 83.
- ✓ La loi n° 60-21 du 30 décembre 1960, portant institution de l'obligation d'assurance de responsabilité civiles pour les propriétaires de véhicules à moteur.
- ✓ La Circulaire n°1/2014 du 20 Octobre 2014 portant fixation du tarif de l'assurance de la responsabilité.
- ✓ La Circulaire n°1/2017 du 28 février 2017.
- ✓ Le Code des assurances tel que promulgué par la loi n° 92-24 du 9 mars 1992, et l'ensemble des textes qui l'ont modifié et complété et notamment ses articles 45 et 110
- ✓ La circulaire 3/91 du 17 août 1991 du ministère des Finances,
- ✓ « Réforme de l'assurance de la responsabilité civile automobile en Tunisie : état des lieux et recommandations » Rapport de First Initiative. Banque Mondiale. Version Août 2015.
- ✓ « L'Assurance Automobile En Tunisie : De la Réforme engagée aux Défis à relever » Lassaâd ZARROUK. PRESIDENT DE LA FTUSA. ALGER. Le 4 novembre 2015.
- ✓ https://www.cga.gov.tn/
- ✓ https://www.ftusanet.org/
- ✓ http://www.finances.gov.tn/
- ✓ http://www.attt.com.tn/
- ✓ http://www.sicad.gov.tn/

CHAPITRE 5 : Les accords spécifiques

Les accords spécifiques sont résumés dans deux conventions cadre la première portent essentiellement sur les motocycles destinés à la location et les motocycles, tricycles et Quads destinés à la location, l'utilisation personnelle et touristique signée en 04 Juillet 2008 :

إتفاق يتعلق
بتحديد تعريفات تأمين
الدراجات النارية ذات عجلتين المعدة للكراء
والدراجات النارية ذات ثلاث أو أربع عجلات المعدة
للإستعمال الشخصي أو الإستعمال السياحي أو الكراء

Et une deuxième convention cadre signée en 2007 entre la FTUSA et les représentants syndicaux des Taxi, louage et transport rural qui fixe en détail les primes à payer dans ces trois branches de transport. Un avenant de cette convention a mis en œuvre les tarifs transitoires de juin 2013 et les tarifs définitifs applicables à partir de mars 2014 jusqu'à nos jours :

إتفاق
يتعلق بتحديد تعريفات تأمين
سيارات الأجرة (اللواج والتاكسي والنقل الريفي)

SECTION 1 : La convention spécifique du 04 Juillet 2008 (Annexe5)

Cette convention porte essentiellement sur les motocycles destinés à la location et les motocycles, tricycles et Quads destinés à la location, l'utilisation personnelle et touristique

I. La prime TTC sur les motocycles (deux roues) destinés à la location :

Dans cette convention on distingue 3 catégories :

- **Petit cylindré** : Le volume de la chambre de combustion est inférieur à 50 cm^{3}.
- **Moyen cylindré** : Le volume de la chambre de combustion est entre 50 et 125 cm^{3}.
- **Gros cylindré** : Le volume de la chambre de combustion est inférieur à 125 cm^{3}.

1. La prime TTC sur les motocycles de location petit cylindré (< 50 cm^{3}) :

أ. الدراجات النارية ذات عجلتين المعدة للكراء:

أقل من 50 صم مكعب :

	القسط الصافي من الأداءات	الأداءات	الجملة
المسؤولية المدنية	128،250 د	15،390 د	143،640 د
كلفة العقد	19،250 د	2،310 د	21،560 د
الدفاع والرجوع	30،000 د	3،000 د	33،000 د
ص ح م س ج		0،300 د	0،300 د
ص و ح م		0،500 د	0،500 د
المجموع باعتبار الأداءات	199،000 د		

Figure 34 : La prime TTC sur les motocycles de location petit cylindré

	HT	TAXE	TTC
RCHT	128,25	15,390	143,640
TC	19,250	2,310	21,560
D&R	30	3	33
FPAC		0,5	0,5
FSSR		0,3	0,3
TOTAL	199,000 TND		

Tableau 30 : La prime TTC sur les motocycles de location petit cylindré

AVEC :

- **RCHT** : La Responsabilité Civile Hors Taxes
- **TC** : Tarif Contrat
- **D&R :** Défense et Recours
- **FPAC** : Fonds **de Prévention des Accidents de la Circulation, (Décret n° 2006-2336 du 28 Août 2006.**
- **FSSR** : Fonds **Spécial de la Sécurité Routière, (Loi n° 82-91 du 31 Décembre 1982, portant loi de finances pour la gestion 1983 : troisième partie : fonds spéciaux du trésor : ministère des transports et des communications : création d'un fonds spécial de la sécurité routière - Art.152 à 155)**

2. La prime TTC sur les motocycles de location moyen cylindré (entre 50 et 125 cm3) :

من 50 صم مكعب إلى 125 صم مكعب :

الجملة	الأداءات	القسط الصافي من الأداءات	
193،040 د	20،682 د	172،358 د	المسؤولية المدنية
21،560 د	2،310 د	19،250 د	كلفة العقد
33،000 د	3،000 د	30،000 د	الدفاع والرجوع
0,300 د	0,300 د		ص ح م س ج
0,500 د	0,500 د		ص و ح م
248،400 د			المجموع بإعتبار الأداءات

Figure 35 : La prime TTC sur les motocycles de location moyen cylindré

	HT	TAXE	TTC
RCHT	172,358	20,682	193,040
TC	19,250	2,310	21,560
D&R	30	3	33
FPAC		0,5	0,5
FSSR		0,3	0,3
TOTAL	248,400 TND		

Tableau 31 : La prime TTC sur les motocycles de location moyen cylindré

3. La prime TTC sur les motocycles de location gros cylindré (> 125 cm3) :

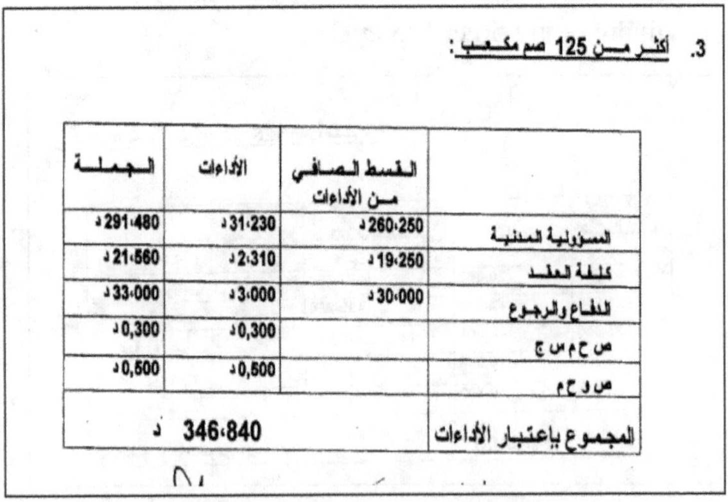

3. أكثر من 125 صم مكعب :

	القسط الصافي من الأداءات	الأداءات	الجملة
المسؤولية المدنية	260،250 د	31،230 د	291،480 د
كلفة العقد	19،250 د	2،310 د	21،560 د
الدفاع والرجوع	30،000 د	3،000 د	33،000 د
ص ح م س ج		0,300 د	0,300 د
ص و ح م		0,500 د	0,500 د
المجموع باعتبار الأداءات	346،840 د		

Figure 36 : La prime TTC sur les motocycles de location gros cylindré

	HT	TAXE	TTC
RCHT	**260,250**	**31,230**	**291,480**
TC	**19,250**	**2,310**	**21,560**
D&R	**30**	**3**	**33**
FPAC		**0,5**	**0,5**
FSSR		**0,3**	**0,3**
TOTAL	**248,400 TND**		

Tableau 32 : La prime TTC sur les motocycles de location gros cylindré

II. La prime TTC sur les tricycles, et les Quads :

1. Inférieur à 125 cm^3 :

a) Utilisation personnelle

II. الدراجات النارية (QUADS) ذات ثلاث أو أربع عجلات :

1. الدراجات التي لا تفوق سعتها 125 صم مكعب :

أ) الإستعمال الشخصي :

	القسط الصافي من الأداءات	الأداءات	الجملة
المسؤولية المدنية (1)	352،000 د	42،240 د	394،240 د
كلفة العقد	19،250 د	2،310 د	21،560 د
الدفاع والرجوع	30،000 د	3،000 د	33،000 د
ص ح م س ج		0,300 د	0,300 د
ص و ح م		0,500 د	0,500 د
المجموع باعتبار الأداءات	449،600 د		

Figure 37 : La prime TTC sur les tricycles, et les Quads PC et UP

	HT	TAXE	TTC
RCHT	352,000	42,240	394,240
TC	19,250	2,310	21,560
D&R	30	3	33
FPAC		0,5	0,5
FSSR		0,3	0,3
TOTAL	449,600 TND		

Tableau 33: La prime TTC sur les tricycles, et les Quads PC et UP

NB : Chaque place supplémentaire à partir de la deuxième génère une RCHT additionnelle de 12 TND et 1,440 TND de taxe :

1) القسط الإضافي عن كل مقعد (إبتداء من المقعد الثاني) : 12،000 د (تأمين المسؤولية المدنية) مع 1،440 د (أداءات).

b) Utilisation touristique et de location :

٠) الإستعمال السياحي والكراء :

	القسط الصافي من الأداءات	الأداءات	الجملة
المسؤولية المدنية(1)	427,000 د	51،240 د	478،240 د
كلفة العقد	19،250 د	2،310 د	21،560 د
الدفاع والرجوع	30،000 د	3،000 د	33،000 د
ص ح م س ج		0,300 د	0,300 د
ص و ح م		0,500 د	0,500 د
المجموع بإعتبار الأداءات	533،600 د		

Figure 38 : La prime TTC sur les tricycles, et les Quads PC et UTL

	HT	TAXE	TTC
RCHT	427,000	51,240	478,240
TC	19,250	2,310	21,560
D&R	30	3	33
FPAC		0,5	0,5
FSSR		0,3	0,3
TOTAL	533,600 TND		

Tableau 34 : : La prime TTC sur les tricycles, et les Quads PC et UTL

NB : Chaque place supplémentaire à partir de la deuxième génère une RCHT additionnelle de 24 TND

(1) القسط الإضافي عن كل مقعد (إبتداء من المقعد الثاني) : 24،000 د (تأمين المسؤولية المدنية) مع 2،880 د (أداءات).

et 2,880 TND de taxe :

2. **Supérieur à 125 cm³ :**

a) Utilisation personnelle :

2. أكثر من 125 صم مكعب :

أ) الإستعمال الشخصي :

	القسط الصافي من الأداءات	الأداءات	الجملة
المسؤولية المدنية(1)	452،000 د	54،240 د	506،240 د
كلفة المقعد	19،250 د	2،310 د	21،560 د
الدفاع والرجوع	30،000 د	3،000 د	33،000 د
ص ح م س ج		0,300 د	0,300 د
ص و ح م		0,500 د	0,500 د
المجموع بإعتبار الأداءات	561،600 د		

Figure 39 : La prime TTC sur les tricycles, et les Quads GC et UP

	HT	TAXE	TTC
RCHT	452,000	52,240	506,240
TC	19,250	2,310	21,560
D&R	30	3	33
FPAC		0,5	0,5
FSSR		0,3	0,3
TOTAL	561,600 TND		

Tableau 35: La prime TTC sur les tricycles, et les Quads GC et UP

NB : Chaque place supplémentaire à partir de la deuxième génère une RCHT additionnelle de 12 TND et 1,440 TND de taxe :

(1) القسط الإضافي عن كل مقعد (إبتداء من المقعد الثاني) : 12،000 د (تأمين المسؤولية المدنية) مع 1،440 د (أداءات).

b) Utilisation touristique et de location :

) الإستعمال السياحي والكراء :

	القسط الصافي من الأداءات	الأداءات	الجملة
المسؤولية المدنية(1)	552،000 د	66،240 د	618،240 د
كلفة العقد	19،250 د	2،310 د	21،560 د
الدفاع والرجوع	30،000 د	3،000 د	33،000 د
ص ح م س ج		0,300 د	0,300 د
ص و ح م		0,500 د	0,500 د
المجموع باعتبار الأداءات	673،600 د		

Figure 40: La prime TTC sur les tricycles, et les Quads GC et UTL

	HT	TAXE	TTC
RCHT	552,000	66,240	618,240
TC	19,250	2,310	21,560
D&R	30	3	33
FPAC		0,5	0,5
FSSR		0,3	0,3
TOTAL	673,600 TND		

Tableau 36: La prime TTC sur les tricycles, et les Quads GC et UTL

NB : Chaque place supplémentaire à partir de la deuxième génère une RCHT additionnelle de 24 TND et 2,880 TND de taxe :

(1) القسط الإضافي عن كل مقعد (إبتداء من المقعد الثاني) : 24،000 د (تأمين المسؤولية المدنية) مع 2،880 د (أداءات).

REMARQUES IMPORTANTES :

1. Cette convention ne prévoit pour ces catégories que le strict minimum d'assurance (RC et D&R) aucune assurance facultative n'est à prévoir puisqu'ils sont considérés comme des catégories à haut risque et accidentogènes donc à forte indemnisation.

La seule exception est accordée à la catégorie Quad et Tricycle et sur demande de l'assuré, l'assureur peut lui accorder une garantie « incendie » avec une **PP de 10 TND** et **PS de 5 ‰ de VV :**

<u>الفصل 2 :</u>

يمكن لمؤسسات التأمين ، وبطلب من المؤمن له ، تأمين الدراجات النارية(QUADS) ذات ثلاث أو أربع عجلات من الحريق مقابل التعريفة التالية :

- قسط أساسي = 10،000 دنانير.
- قسط إضافي = 5 ‰ من قيمة الدراجة النارية.

2. Le motocycle « normale »

Après un long bras de fer entre les compagnies d'assurance, qui ont refusé catégoriquement d'assurer le motocycle, et les autorités tunisiennes, le président à l'époque a tranché en les rappelant à l'ordre à travers cette circulaire interne du 28 juillet 2007 (disponible uniquement en texte arabe) :

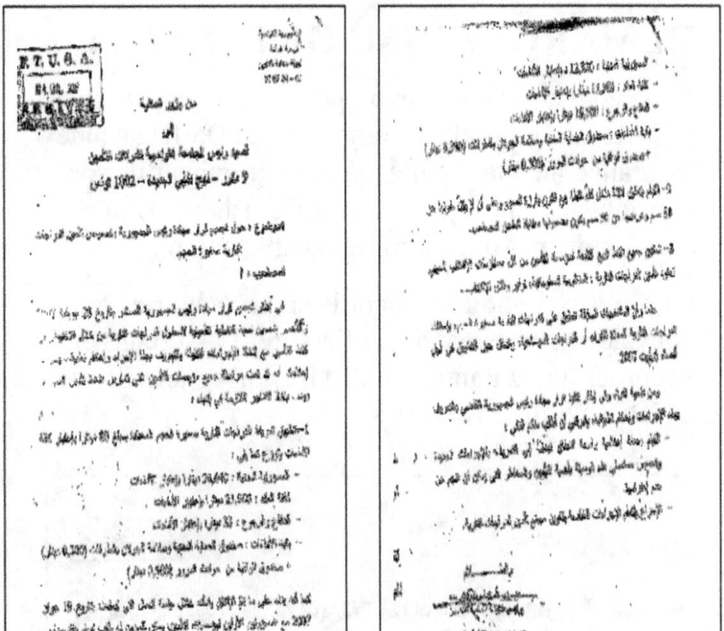

Figure 41 : Circulaire interne du 28 juillet 2007

Les dernières estimations non officielles déclarent que seulement 120 000 motocycles sont assurés sur 2 millions d'unités soit un taux de couverture ne dépassant pas les 6 % donc 94 % des deux roues en Tunisie sont sans aucune couverture[1]. La Fédération tunisienne des sociétés d'assurances (FTUSA) a mis à la disposition des propriétaires de petites motos (moins de 50 centimètres cubes) un service en ligne pour les orienter vers la société d'assurance concernée pour la souscription d'un contrat d'assurance.

Dans un communiqué publié lundi 15 juin 2020, elle précise que ce service s'inscrit dans le cadre de la simplification des procédures et du renforcement de sa politique de digitalisation et du service en ligne. De ce fait elle invite les propriétaires de ce type de moto à visiter le lien suivant : https://www.ftusanet.org/demander-une-assurance-moto/ et à remplir le formulaire de demande d'assurance moto ajoutant que les départements de la fédération répondront à ces demandes par e-mail à l'adresse inscrite sur le formulaire.

Cette procédure ne va qu'aggraver la situation surtout qu'elle peut être un goulot d'étranglement cybernétique inaccessible à la majorité des utilisateurs de cette catégorie et s'ajoute à cela l'absence de la transparence concernant les tarifs en vigueur qui dépassent largement les 80 TND de 2007.

---

[1] Atlas Magazine, l'actualité de l'assurance dans le monde. N°186, Décembre 2021

V. APPLICATION :

- **Enoncée :** Mr X veut promouvoir un projet touristique à Djerba dédié essentiellement à la randonnée

Ayant reçu les autorisations nécessaires il décide d'importer le matériel suivant destiné à la location touristique :

Marque	Type	Nbr de place	Cylindré en cm^3	Valeur unitaire TND	Nbre
KAWASAKI	QUAD	02	175	17 000	100
YAMAHA	TRICYCLE	03	120	11 000	140
FORZA	MOTOCYCLE	02	49	4 000	70
OVETTO	SCOOTER	02	105	9 000	70

Trois unités de quad KAWASAKI seront offert à sa famille.

Calculer la prime totale TTC que Mr X va payer tout en sachant qu'il veut une protection maximale.

- **Réponse :**

Marque	Type	Nb P	Cylindré	Prime unitaire TTC TND	Nbre	TOTAL
KAWASAKI	QUAD	02	175	673,600	97	65339,2
KAWASAKI	QUAD	02	175	561,600	03	1684,8
YAMAHA	TRICYCLE	03	120	533,600	140	74704
FORZA	MOTOCYCLE	02	49	199,000	70	13930
OVETTO	SCOOTER	02	105	248,400	70	17388
TOTAL						173046

TOTAL SANS « incendie » ET sans supplément RCHT = 173046 TND

Marque	Type	Nb P	Supp RCHT	SUPP INCENDIE	Nbre	TOTAL
KAWASAKI	QUAD	02	26,880	95	97	11822,36
KAWASAKI	QUAD	02	13,440	95	03	325,32
YAMAHA	TRICYCLE	03	26,880	65	140	12863,2
TOTAL						25010,88

La prime totale de ce projet = 173046 + 25010,88 = 198056,88

SECTION 2 : La convention spécifique du 08 Janvier 2007

La deuxième convention cadre signée en 2007 entre la FTUSA et les représentants syndicaux des Taxi, louage et transport rural qui fixe en détail les primes à payer dans ces trois branches de transport. Un avenant de cette convention a mis en œuvre les tarifs transitoires de juin 2013 et les tarifs définitifs applicables à partir de mars 2014 jusqu'à nos jours.

I. Usage : Louage (5 places sans chauffeur ET VV= 10000TND)

1- usage: Louage (5 Places sans chauffeur)

Valeur du véh = 10 000 D

	ANCIEN TARIF (juin 2013)				NOUVEAU TARIF (Mars 2014) (-7 %)			
	ANNUELLE		SEMEST		ANNUELLE		SEMEST	
	NETTE	TAXE	NETTE	TAXE	NETTE	TAXE	NETTE	TAXE
RC	1 224,767	146,972	612,384	73,486	1 139,033	136,684	569,517	68,342
Cout du contrat	40,000	4,800	40,000	4,800	40,000	4,800	40,000	4,800
déf & recours	50,000	5,000	25,000	2,500	50,000	5,000	25,000	2,500
vol*	85,100	8,510	42,550	4,255	79,102	7,910	39,551	3,955
incendie*	89,200	8,920	44,600	4,460	82,902	8,290	41,451	4,145
FGVAC		0,300		0,300		0,300		0,300
FPAC		0,500		0,500		0,500		0,500
FGA		1,000		1,000		1,000		1,000
TOTAL	1 665,069		855,835		1 555,522		801,061	

VOL		ANCIEN	
PRIME DE BASE *	38,502	41,400	38,502
Taux *	4,06 %*	4,37%	4,06%

INCENDIE		ANCIEN	
PRIME DE BASE *	38,502	41,400	38,502
Taux *	4,44 %*	4,78%	4,46%

(1) suplément sur chaque place = 5 ach

Annuelle	113,904	taxe	13,668
Semestrielle	56,952	taxe	6,83424

Figure 42 : Louage (5 places sans chauffeur

	ANCIEN TARIF JUIN 2013				NOUVEAU TARIF MARS 2014			
	ANNUEL		SEMESTERIEL		ANNUEL		SEMESTERIEL	
	HT	TAXE	HT	TAXE	HT	TAXE	HT	TAXE
RCHT	1224,757	146,972	612,384	73,486	1139,33	136,684	569,517	68,342
TC	40	4,800	40	4,800	40	4,800	40	4,800
D&R	50	5	25	2,500	50	5	25	2,500
Vol	41,400	4,140	20,700	2,070	38,502	3,850	19,251	1,925
	43,700	4,370	21,850	2,185	**40,6**	**4,06**	**20,3**	**2,030**
Incendie	41,400	4,140	20,700	2,070	38,502	3,850	**19,251**	**1,925**
	47,800	4,780	23,900	2,390	**44,400**	**4,440**	**22,200**	**2,220**
FGVAC		**0,300**		**0,300**		**0,300**		**0,300**
FSSR		**0,500**		**0,500**		**0,500**		**0,500**
FGA		1		1		1		1
TOTAL	**1665,069**		855,835		**1555,522**		801,061	

Tableau 37 : Louage 5 places sans chauffeur

AVEC :

- **RCHT :** La Responsabilité Civile Hors Taxes.
- **TC** : Tarif Contrat.
- **D&R :** Défense et Recours.
- **FGVAC :** Fonds de Garantie des Victimes des Accidents de la circulation Article 172 du Code des assurances.
- **FSSR** : Fonds Spécial de la Sécurité Routière, Loi n° 82-91 du 31 Décembre 1982, portant loi de finances pour la gestion 1983 : troisième partie : fonds spéciaux du trésor : ministère des transports

et des communications : création d'un fonds spécial de la sécurité routière - Art.152 à 155.

- **FGA :** Fonds de Garantie des Assurés Décret n° 2005-2025 du 18juillet 2005, et modifié par le décret n° 2011-789 du 24/06/2011.
- **SUPPLEMENT ANNUEL RCHT** = 113,904 TND/chaque place additionnelle

APPLICATION :

- **Enoncée** : Mr x a obtenu l'autorisation et le permis d'exercer la profession de louage intergouvernementale (bande rouge). Pour ce faire, il achète en Mars 2013 une TOYOTA HIACE 9 places neuve à 138 000 TND.

Sachant une vétusté de10% l'an :

1. Déterminer sa prime TTC annuelle en Mars 2013.
2. Déterminer sa prime TTC annuelle en Mars 2014.
3. Déterminer sa prime TTC annuelle en Mars 2021s'il n'a commis aucun accident.

- **Réponses** :

1. **Prime TTC annuelle en Mars 2013 :**

RCHT : Nouveau contrat donc classe 05 (150 %) ; SUPPLEMENT ANNUEL RCHT = 113,94 TND/ chaque place additionnelle :

Nombre des places additionnelles (NPA) = capacité totale (CT) - 01 du chauffeur(01C) – 05 places de l'accord (05A)

Donc :

NPA = CT- 01C - 05 A = 09 – 01- 05 = 03 Places

RCHT SUPPLEMENTAIRE = 113,904 TND * 03 =341,712 TND

RCHT TOTALE = 1224,757 +341,712 = 1 566,469 TND

RCHT TOTALE (AVEC MALUS) = 1 566,469 TND * 1,5 = **2 349,704 TND**

VOL PS = 4,37‰ * 138 000 = 603,06 TND

(VV = VAN – V = VAN = 138 000 puisque V= 0)

Incendie PS = 4,78 ‰ * 138 000 = 659,64 TND

	HT	TAXE	TTC
RCHT	2 349,704	281,964	2 631,668
TC	40,000	4,800	44,800
D&R	50,000	5,000	55,000
Vol	41,400	4,140	45,540
	603,060	60,306	663,366
Incendie	41,400	4,140	45,540
	659,640	65,964	725,604
FGVAC		0,300	0,300
FSSR		0,500	0,500
FGA		1,000	1,000
TOTAL			**4 213,318 TND**

2. Prime TTC annuelle en Mars 2014 :

RCHT : Nouveau contrat 2013 donc classe 05 en 2014 (150 %) ; SUPPLEMENT ANNUEL RCHT = 113,94 TND/ chaque place additionnelle ; ***Nombre des places additionnelles (NPA) = capacité totale (CT) - 01 du chauffeur(01C) – 05 places de l'accord (05A)*** donc **NPA = CT- 01C - 05 A = 09 – 01- 05 = 03 Places**

RCHT SUPPLEMENTAIRE = 113,904 TND * 03 =341,712 TND

RCHT TOTALE = 1139,33+341,712 = 1 481,05TND

RCHT TOTALE (AVEC MALUS) = 1 481,05 TND * 1,5 = **2 221,575 TND**

VV = VAN – V= 138000 – (10 % 138000) =124 200 TND

VOL PS = 4,06‰ * 124 200 = 504,252 TND

Incendie PS = 4,44 ‰ * 124 200 = 551,448TND

	HT	TAXE	TTC
RCHT	2 221,575	266,589	2 488,164
TC	40,000	4,800	44,800
D&R	50,000	5,000	55,000
Vol	38,502	3,850	42,352
	504,252	50,425	554,677
Incendie	38,502	3,850	42,352
	551,448	55,145	606,593
FGVAC		0,300	0,300
FSSR		0,500	0,500
FGA		1,000	1,000
TOTAL			3835,738 TND

3. Prime TTC annuelle en Mars 2021 :

RCHT : Nouveau contrat 2013 donc classe 01 en 2021 (80 %) ; SUPPLEMENT ANNUEL RCHT =

113,94 TND/ chaque place additionnelle ; ***Nombre des places additionnelles (NPA)* = 03 Places**

RCHT SUPPLEMENTAIRE = 113,904 TND * 03 =341,712 TND

RCHT TOTALE = 1139,33+341,712 = 1 481,05TND

RCHT TOTALE (AVEC BONUS) = 1 481,05 TND * 0,8 = **1 184,84 TND**

VV = VAN – V= 138000 – (8*10 % 138000) =138000 – 110 400 = 27 600 TND

VOL PS = 4,06‰ * 27 600 = 112,056 TND

Incendie PS = 4,44 ‰ * 27 600 = 122,544 TND

	HT	TAXE	TTC
RCHT	1 184,840	142,181	1 327,021
TC	40,000	4,800	44,800
D&R	50,000	5,000	55,000
Vol	41,400	4,140	45,540
	112,056	11,206	123,262
Incendie	41,400	4,140	45,540
	122,544	12,254	134,798
FGVAC		0,300	0,300
FSSR		0,500	0,500
FGA		1,000	1,000
TOTAL			1 777,76 TND

II. Usage : Transport Rural (VV= 10000TND)

2- usage: TRANSPORT RURAL

Valeur de véh = 10 000 D

	ANCIEN TARIF (juin 2013)				NOUVEAU TARIF (Mars 2014) (- 7 %)			
	ANNUELLE		SEMEST		ANNUELLE		SEMEST	
	NETTE	TAXE	NETTE	TAXE	NETTE	TAXE	NETTE	TAXE
RC	943,174	113,181	471,587	56,590	877,152	105,258	438,576	52,629
Coût du contrat	40,000	4,800	40,000	4,800	40,000	4,800	40,000	4,800
clef & recours	50,000	5,000	25,000	2,500	50,000	5,000	25,000	2,500
vol	85,100	8,510	42,550	4,255	79,102	7,910	39,551	3,955
incendie	89,200	8,920	44,600	4,460	82,902	8,290	41,451	4,145
FGVAC		0,300		0,300		0,300		0,300
FPAC		0,500		0,500		0,500		0,500
FGA		1,000		1,000		1,000		1,000
TOTAL	1 349,885		698,142		1 262,214		654,407	

VOL		ANCIEN	
PRIME DE BASE =	38,502	41,400	38,502
Taux =	4,06 %"	4,37%	4,06%

INCENDIE		ANCIEN	
PRIME DE BASE =	38,502	41,400	38,502
Taux =	4,44 %"	4,78%	4,45%

Figure 43 : Usage Transport Rural

	ANCIEN TARIF JUIN 2013				NOUVEAU TARIF MARS 2014			
	ANNUEL		SEMESTERIEL		ANNUEL		SEMESTERIEL	
	HT	TAXE	HT	TAXE	HT	TAXE	HT	TAXE
RCHT	943,174	113,181	471,587	56,590	877,152	105,258	438,576	52,629
TC	40	4,800	40	4,800	40	4,800	40	4,800
D&R	50	5	25	2,500	50	5	25	2,500
Vol	41,400	4,140	20,700	2,070	38,502	3,850	19,251	1,925
	43,700	4,370	21,850	2,185	**40,6**	**4,06**	**20,3**	**2,030**
Incendie	41,400	4,140	20,700	2,070	38,502	3,850	**19,251**	**1,925**
	47,800	4,780	23,900	2,390	**44,400**	**4,440**	**22,200**	**2,220**
FGVAC		**0,300**		**0,300**		**0,300**		**0,300**
FSSR		**0,500**		**0,500**		**0,500**		**0,500**
FGA		**1**		**1**		**1**		**1**
TOTAL	**1349,685**		698,142		**1262,214**		654,407	

Tableau 38 : Usage Transport Rural

APPLICATION :

- **Enoncée** : Mr x a obtenu l'autorisation et le permis d'exercer la profession de Transport rural en Mars 2013.Il achète, alors, une Renault Trafic Passenger 9 places neuve à 78 000 TND.

Sachant une vétusté de10% l'an :

1. Déterminer sa prime TTC annuelle en Mars 2013.
2. Déterminer sa prime TTC annuelle en Mars 2014.
3. Déterminer sa prime TTC annuelle en Mars 2021s'il n'a commis aucun accident.

- **Réponses** :

1. **Prime TTC annuelle en Mars 2013 :**

RCHT : Nouveau contrat donc classe 05 (150 %) ;

RCHT TOTALE = 943,174 TND

RCHT TOTALE (AVEC MALUS) = 943,174 TND * 1,5 = **1 414,761 TND**

VOL PS = 4,37‰ * 78 000 = 340,86 TND

(VV = VAN – V = VAN = 78 000 puisque V=0)

Incendie PS = 4,78 ‰ * 78 000 = 372,840 TND

	HT	TAXE	TTC
RCHT	1 414,761	169,771	1 584,532
TC	40,000	4,800	44,800
D&R	50,000	5,000	55,000
Vol	41,400	4,140	45,540
	340,860	34,086	374,946
Incendie	41,400	4,140	45,540
	372,840	37,284	410,124
FGVAC		0,300	0,300
FSSR		0,500	0,500
FGA		1,000	1,000
TOTAL			2 562,282 TND

2. Prime TTC annuelle en Mars 2014 :

RCHT : Nouveau contrat 2013 donc classe 05 en 2014 (150 %)

RCHT TOTALE = 877,152 TND

RCHT TOTALE (AVEC MALUS) = 877,152 TND * 1,5 = **1 315,728 TND**

VV = VAN – V= 78 000 – (10 % 78 000) =70 200 TND

VOL PS = 4,06‰ * 70 200 = 285,012 TND

Incendie PS = 4,44 ‰ * 70 200 = 311,688 TND

	HT	TAXE	TTC
RCHT	1 315,728	266,589	1 582,317
TC	40,000	4,800	44,800
D&R	50,000	5,000	55,000
Vol	38,502	3,850	42,352
	285,012	28,501	313,513
Incendie	38,502	3,850	42,352
	311,688	31,169	342,857
FGVAC		0,300	0,300
FSSR		0,500	0,500
FGA		1,000	1,000
TOTAL			2 424,991 TND

3. Prime TTC annuelle en Mars 2021 :

RCHT : Nouveau contrat 2013 donc classe 01 en 2021 (80 %) ;

RCHT TOTALE = 877,152 TND

RCHT TOTALE (AVEC BONUS) = 877,152 TND * 0,8 = **701,722 TND**

VV = VAN – V= 78 000 – (8*10 % 78 000) =78 000 – 62 400 = 15 600 TND

VOL PS = 4,06‰ * 15 600 = 63,336 TND

Incendie PS = 4,44 ‰ * 15 600 = 69,264 TND

	HT	TAXE	TTC
RCHT	701,722	84,207	785,929
TC	40,000	4,800	44,800
D&R	50,000	5,000	55,000
Vol	38,502	3,850	42,352
	63,336	6,334	69,670
Incendie	38,502	3,850	42,352
	69,264	6,926	76,190
FGVAC		0,3	0,300
FSSR		0,5	0,500
FGA		1	1,000
TOTAL			1 118,093 TND

III. Usage : Taxi 4 places (VV= 6000TND)

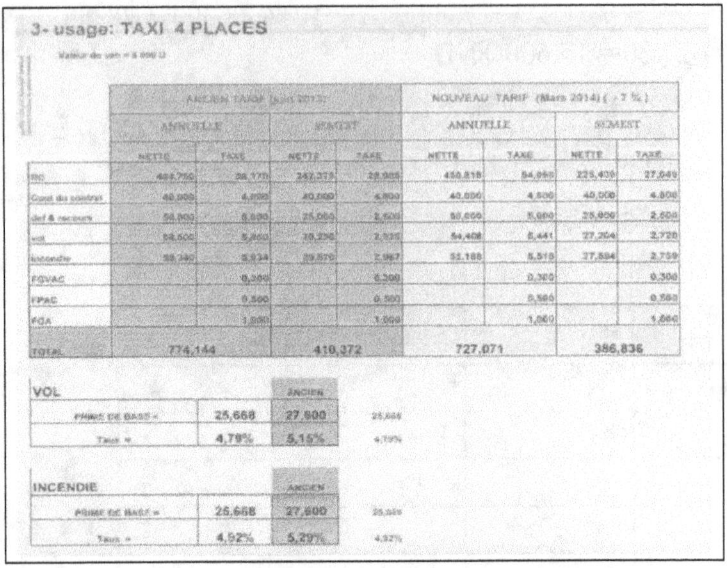

Figure 44 : Usage Taxi 4 places

	ANCIEN TARIF JUIN 2013				NOUVEAU TARIF MARS 2014			
	ANNUEL		SEMESTERIEL		ANNUEL		SEMESTERIEL	
	HT	TAXE	HT	TAXE	HT	TAXE	HT	TAXE
RCHT	484,750	58,170	242,375	29,085	450,818	54,098	225,409	27,049
TC	40	4,800	40	4,800	40	4,800	40	4,800
D&R	50	5	25	2,500	50	5	25	2,500
Vol	27,600	2,760	13,800	1,380	25,668	2,566	19,251	1,925
	30,900	3,090	15,450	1,545	**28,740**	**2,874**	**20,3**	**2,030**
Incendie	27,600	2,760	13,800	2,070	25,668	2,566	**12,834**	**1,925**
	31,740	3,174	15,870	2,390	29,520	2,952	**14,760**	**2,220**
FGVAC		**0,300**		**0,300**		**0,300**		**0,300**
FSSR		**0,500**		**0,500**		**0,500**		**0,500**
FGA		**1**		**1**		**1**		**1**
TOTAL	**774,144**		410,372		**727,071**		386,836	

Tableau 39 : Usage Taxi 4 places

APPLICATION :

- **Enoncée** : Mr x a obtenu l'autorisation et le permis d'exercer la profession de Taxi urbain (couleur jaune). Pour ce faire, il achète en Mars 2013 une RENAULT CLASSIQUE 05 places neuve à 38 000 DT.

  Sachant une vétusté de10% l'an :

  1. Déterminer sa prime TTC annuelle en Mars 2013.
  2. Déterminer sa prime TTC annuelle en Mars 2014.
  3. Déterminer sa prime TTC annuelle en Mars 2021s'il n'a commis aucun accident.

- **Réponses** :

  1. Prime TTC annuelle en Mars 2013 :

RCHT : Nouveau contrat donc classe 05 (150 %) ;

RCHT TOTALE = 484,750 TND

RCHT TOTALE (AVEC MALUS) = 484,750 TND * 1,5 = **727,125 TND**

VOL PS = 5,15‰ * 38 000 = 195,7 TND (VV = VAN – V = VAN = 38000 puisque V= 0)

Incendie PS = 5,29 ‰ * 138000 = 201,02 TND

	HT	TAXE	TTC
RCHT	727,125	87,255	814,380
TC	40	4,800	44,800
D&R	50	5,000	55,000
Vol	27,600	2,760	30,360
	195,700	19,570	215,270
Incendie	27,600	2,760	30,360
	201,020	20,102	221,122
FGVAC		0,300	0,300
FSSR		0,500	0,500
FGA		1,000	1,000
TOTAL			1 413,092 TND

2. Prime TTC annuelle en Mars 2014 :

RCHT : Nouveau contrat 2013 donc classe 05 en 2014 (150 %)

RCHT TOTALE = 450,818 TND

RCHT TOTALE (AVEC MALUS) = 450,818 TND * 1,5 = 676,227 TND

VV = VAN – V= 38 000 – (10 % 38 000) =34 200 TND

VOL PS = 4,79‰ * 34 200 = 163,818 TND

Incendie PS = 4,92 ‰ * 34 200 = 168,264 TND

	HT	TAXE	TTC
RCHT	676,227	81,147	757,374
TC	40,000	4,800	44,800
D&R	50,000	5,000	55,000
Vol	25,668	2,567	28,235
	163,818	16,382	180,200
Incendie	25,668	2,567	28,235
	168,264	16,826	185,090
FGVAC		0,300	0,300
FSSR		0,500	0,500
FGA		1,000	1,000
TOTAL			**1 280,734 TND**

3. Prime TTC annuelle en Mars 2021 :

RCHT : Nouveau contrat 2013 donc classe 01 en 2021 (80 %) ;

RCHT TOTALE = 450,818 **TND**

RCHT TOTALE (AVEC BONUS) = 450,818 TND * 0,8 = **360,654TND**

VV = VAN – V= 38 000 – (8*10 % 38 000) =38 000 – 30 400 = 7 600 TND

VOL PS = 4,79‰ * 7 600 = 36,404 TND

Incendie PS = 4,92 ‰ * 7 600 = 37,392TND

	HT	TAXE	TTC
RCHT	360,654	43,278	403,932
TC	40,000	4,800	44,800
D&R	50,000	5,000	55,000
Vol	25,668	2,567	28,235
	36,404	3,640	40,044
Incendie	25,668	2,567	28,235
	37,392	3,739	41,131
FGVAC		0,300	0,300
FSSR		0,500	0,500
FGA		1,000	1,000
TOTAL			643,178 TND

IV. **Usage : Taxi Touristique (4 PLACES et VV= 6000TND)**

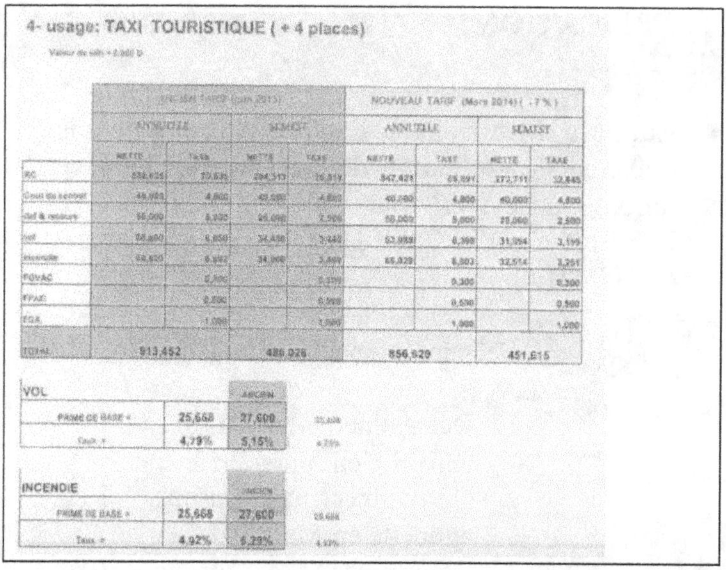

Figure 45 : Usage Taxi Touristique

	ANCIEN TARIF JUIN 2013				NOUVEAU TARIF MARS 2014			
	ANNUEL		SEMESTERIEL		ANNUEL		SEMESTERIEL	
	HT	TAXE	HT	TAXE	HT	TAXE	HT	TAXE
RCHT	588,625	70,635	294,313	35,318	547,421	86,691	273,711	32,845
TC	40	4,800	40	4,800	40	4,800	40	4,800
D&R	50	5	25	2,500	50	5	25	2,500
Vol	27,600	2,760	13,800	1,380	25,668	2,566	19,251	1,925
	30,900	3,090	15,450	1,545	**28,740**	**2,874**	**20,3**	**2,030**
Incendie	27,600	2,760	13,800	2,070	25,668	2,566	**12,834**	**1,925**
	31,740	3,174	15,870	2,390	29,520	2,952	**14,760**	**2,220**
FGVAC		**0,300**		**0,300**		**0,300**		**0,300**
FSSR		**0,500**		**0,500**		**0,500**		**0,500**
FGA		**1**		**1**		**1**		**1**
TOTAL	**913,452**		480,026		**856,629**		451,615	

Tableau 40: Usage Taxi Touristique

APPLICATION :

- **Enoncée** : Mr x a obtenu l'autorisation et le permis d'exercer la profession de Taxi urbain. Pour ce faire, il achète en Mars 2013 une PEUGEOT EXPERT COMBI 2.0 L HDI 9 PLACES neuve à 67 000 DT.

Sachant une vétusté de10% l'an :

1. Déterminer sa prime TTC annuelle en Mars 2013.
2. Déterminer sa prime TTC annuelle en Mars 2014.
3. Déterminer sa prime TTC annuelle en Mars 2021 s'il n'a commis aucun accident.

- **Réponses** :

1. **Prime TTC annuelle en Mars 2013 :**

RCHT : Nouveau contrat donc classe 05 (150 %) ;

RCHT TOTALE = 588,625 TND

RCHT TOTALE (AVEC MALUS) = 588,625TND * 1,5 = **882,937 TND**

VOL PS = 5,15‰ * 67 000 = 345,05 TND

(VV = VAN – V = VAN = 67 000 puisque V= 0)

Incendie PS = 5,29 ‰ * 67 000 = 354,43 TND

	HT	TAXE	TTC
RCHT	882,937	105,952	988,889
TC	40	4,800	44,800
D&R	50	5,000	55,000
Vol	27,6	2,760	30,360
	345,05	34,505	379,555
Incendie	27,6	2,760	30,360
	354,43	35,443	389,873
FGVAC		0,300	0,300
FSSR		0,500	0,500
FGA		1,000	1,000
TOTAL			1 920,637 TND

2. **Prime TTC annuelle en Mars 2014 :**

RCHT : Nouveau contrat 2013 donc classe 05 en 2014 (150 %)

RCHT TOTALE = 547,421 TND

RCHT TOTALE (AVEC MALUS) = 547,421 TND * 1,5 = 821,131 TND

VV = VAN – V= 67 000 – (10 % 67 000) = 60 300 TND

VOL PS = 4,79‰ * 60 300 = 288,837 TND

Incendie PS = 4,92 ‰ * 60 300= 296,676 TND

	HT	TAXE	TTC
RCHT	821,131	98,536	919,667
TC	40,000	4,800	44,800
D&R	50,000	5,000	55,000
Vol	25,668	2,567	28,235
	288,837	28,884	317,721
Incendie	25,668	2,567	28,235
	296,676	29,668	326,344
FGVAC		0,300	0,300
FSSR		0,500	0,500
FGA		1,000	1,000
TOTAL			1 721,801 TND

3. Prime TTC annuelle en Mars 2021 :

RCHT : Nouveau contrat 2013 donc classe 01 en 2021 (80 %) ;

RCHT TOTALE = 547,421 **TND**

RCHT TOTALE (AVEC BONUS) = 547,421 TND * 0,8 = **437,937 TND**

VV = VAN – V= 67 000 – (8*10 % 67 000) = 67 000 – 53 600 = 13 400 TND

VOL PS = 4,79‰ * 13 400 = 64,186 TND

Incendie PS = 4,92 ‰ * 13 400 = 65,928 TND

	HT	TAXE	TTC
RCHT	437,937	52,552	490,489
TC	40,000	4,800	44,800
D&R	50,000	5,000	55,000
Vol	25,668	2,567	28,235
	64,186	6,419	70,605
Incendie	25,668	2,567	28,235
	65,928	6,593	72,521
FGVAC		0,300	0,300
FSSR		0,500	0,500
FGA		1,000	1,000
TOTAL			791,684 TND

V. Usage : Taxi Collectif (VV= 10 000TND)

4- usage: TAXI COLLECTIF

Valeur du véh = 10 000 D

	ANCIEN TARIF ([illegible])				NOUVEAU TARIF (Mars 2014) (-7 %)			
	ANNUELLE		SEMEST		ANNUELLE		SEMEST	
	NETTE	TAXE	NETTE	TAXE	NETTE	TAXE	NETTE	TAXE
RC	943,174	113,181	471,587	56,550	877,152	105,258	438,576	62,629
Coût du contrat	40,000	4,000	40,000	4,000	40,000	4,000	40,000	4,000
def & recours	50,000	5,000	25,000	2,500	50,000	5,000	25,000	2,500
vol	85,100	8,510	42,550	4,255	79,102	7,910	39,551	3,955
incendie	89,200	8,920	44,600	4,460	82,902	8,290	41,451	4,145
FOVAC		0,300		0,300		0,300		0,300
FPAC		0,500		0,500		0,500		0,500
FGA		1,000		1,000		1,000		1,000
TOTAL	1 349,685		698,142		1 262,214		654,407	

VOL

		ANCIEN	
PRIME DE BASE =	38,502	41,400	38,502
Taux =	4,06 %*	4,37%	4,06%

INCENDIE

		ANCIEN	
PRIME DE BASE =	38,502	41,400	38,502
Taux =	4,44 %*	4,78%	4,44%

Figure 46 : Usage : Taxi Collectif

	ANCIEN TARIF JUIN 2013				NOUVEAU TARIF MARS 2014			
	ANNUEL		SEMESTERIEL		ANNUEL		SEMESTERIEL	
	HT	TAXE	HT	TAXE	HT	TAXE	HT	TAXE
RCHT	943,174	113,181	471,587	56,590	877,152	105,258	438,576	52,629
TC	40	4,800	40	4,800	40	4,800	40	4,800
D&R	50	5	25	2,500	50	5	25	2,500
Vol	41,400	4,140	20,700	2,070	38,502	3,850	19,251	1,925
	43,700	4,370	21,850	2,185	**40,6**	**4,06**	**20,3**	**2,030**
Incendie	41,400	4,140	20,700	2,070	38,502	3,850	**19,251**	**1,925**
	47,800	4,780	23,900	2,390	**44,400**	**4,440**	**22,200**	**2,220**
FGVAC		**0,300**		**0,300**		**0,300**		**0,300**
FSSR		**0,500**		**0,500**		**0,500**		**0,500**
FGA		1		1		1		1
TOTAL	**1349,685**		698,142		**1262,214**		654,407	

Tableau 41 : Usage Taxi Collectif

APPLICATION :

- **Enoncée** :

Mr x a obtenu l'autorisation et le permis d'exercer la profession de Transport collectif en Mars 2013.Il achète, alors, une PEUGEOT BOXER 08 places neuve à 52 000 TND.

Sachant une vétusté de 10% l'an :

1. Déterminer sa prime TTC annuelle en Mars 2013.
2. Déterminer sa prime TTC annuelle en Mars 2014.

3. Déterminer sa prime TTC annuelle en Mars 2021s'il n'a commis aucun accident.

- **Réponses** :

1. **Prime TTC annuelle en Mars 2013 :**

RCHT : Nouveau contrat donc classe 05 (150 %) ;

RCHT TOTALE = 943,174 TND

RCHT TOTALE (AVEC MALUS) = 943,174 TND * 1,5 = **1 414,761 TND**

VOL PS = 4,37‰ * 52 000 = 227,24 TND

(VV = VAN – V = VAN = 52 000 puisque V= 0)

Incendie PS = 4,78 ‰ * 52 000 = 248,56 TND

	HT	TAXE	TTC
RCHT	1 414,761	169,771	1 584,532
TC	40,000	4,800	44,800
D&R	50,000	5,000	55,000
Vol	41,400	4,140	45,540
	227,240	22,724	249,964
Incendie	41,400	4,140	45,540
	248,560	24,856	273,416
FGVAC		0,300	0,300
FSSR		0,500	0,500
FGA		1,000	1,000
TOTAL			**2 300,592 TND**

2. Prime TTC annuelle en Mars 2014 :

RCHT : Nouveau contrat 2013 donc classe 05 en 2014 (150 %)

RCHT TOTALE = 877,152 TND

RCHT TOTALE (AVEC MALUS) = 877,152 TND * 1,5 = **1 315,728 TND**

VV = VAN – V= 52 000 – (10 % 52 000) = 46 800 TND

VOL PS = 4,06‰ * 46 800 = 190,008 TND

	HT	TAXE	TTC
RCHT	1 315,728	157,887	1 473,615
TC	40,000	4,800	44,800
D&R	50,000	5,000	55,000
Vol	38,502	3,850	42,352
	190,008	19,001	209,009
Incendie	38,502	3,850	42,352
	207,792	20,779	228,571
FGVAC		0,300	0,300
FSSR		0,500	0,500
FGA		1,000	1,000
TOTAL			**2 097,500 TND**

Incendie PS = 4,44 ‰ * 46 800 = 207,792 TND

3. Prime TTC annuelle en Mars 2021 :

RCHT : Nouveau contrat 2013 donc classe 01 en 2021 (80 %) ;

RCHT TOTALE = 877,152 TND

RCHT TOTALE (AVEC BONUS) = 877,152 TND * 0,8 = **701,722 TND**

VV = VAN – V= 52 000 – (8*10 % 52 000) = 52 000 – 41 600= 10 400 TND

VOL PS = 4,06‰ * 10 400= 42,224 TND

Incendie PS = 4,44 ‰ * 10 400= 46,176 TND

	HT	TAXE	TTC
RCHT	701,722	84,207	785,929
TC	40,000	4,800	44,800
D&R	50,000	5,000	55,000
Vol	38,502	3,850	42,352
	42,224	4,222	46,446
Incendie	38,502	3,850	42,352
	46,176	4,618	50,794
FGVAC		0,3	0,300
FSSR		0,5	0,500
FGA		1	1,000
TOTAL			1 069,473 TND

REFERENCES :

- ✓ La convention cadre du 08 Janvier 2007.
- ✓ La convention cadre du 08 Juillet 2008.
- ✓ L'avenant de juin 2013
- ✓ La loi n° 60-21 du 30 décembre 1960, portant institution de l'obligation d'assurance de responsabilité civiles pour les propriétaires de véhicules à moteur.
- ✓ La Circulaire n°1/2014 du 20 Octobre 2014
- ✓ La Circulaire n°1/2017 du 28 février 2017.
- ✓ La Circulaire interne du 28 juillet 2007
- ✓ Le Code des assurances tel que promulgué par la loi n° 92-24 du 9 mars 1992,
- ✓ La Circulaire 3/91 du 17 août 1991 du ministère des Finances,
- ✓ https://www.cga.gov.tn/
- ✓ https://www.ftusanet.org/
- ✓ http://www.finances.gov.tn/
- ✓ http://www.attt.com.tn/
- ✓ http://www.sicad.gov.tn/

ANNEXES

- **ANNEXE 1 :** Arrêté du ministre des Finances du 2 janvier 1993, fixant la liste des catégories d'assurances.
- **ANNEXE 2** : Décision du ministre des finances du 08 Mai 2019 relative à la fixation du système "Bonus-Malus".
- **ANNEXE 3 :** Circulaire n°1/2017 du 28 février portant fixation du tarif de l'assurance de la responsabilité civile du fait de l'usage des véhicules terrestres à moteur.
- **ANNEXE 4** : L'avenant du 25 avril 2017 de la convention du 2002
- **ANNEXE 5** : La convention spécifique du 04 Juillet 2008

ANNEXE 1 :

Arrêté du ministre des Finances du 2 janvier 1993, fixant la liste des catégories d'assurances prévues à l'article 49 du code des assurances.

(JORT n° 1 du 1 et 5 janvier 1993, page 49) Le

Ministre des Finances,

Vu l'article 49 du code des assurances tel que promulgué par la loi n° 92-24 du 9 mars 1992,

Arrête :

Article premier

Les opérations d'assurances sont classées en catégories (un chiffre) et sous catégories (deux chiffres). La liste des catégories et des sous-catégories est fixée comme suit :

1/ Assurance Automobile :

1-1. Assurance de responsabilité civile :

Toute responsabilité civile résultant de l'emploi de véhicules terrestres à moteur y compris la responsabilité du transporteur.

1-2. Assurance des dommages subis par les véhicules terrestres à moteur.

2/ Assurance Transport :

2-1. Assurance des marchandises transportées :

Tout dommage subi par les marchandises transportées ou bagages quelque soit le moyen de transport.

2-2. Assurance des corps de véhicules (autres que terrestres)

2.2.1 Assurances des corps de véhicules aériens.

2.2.2 Assurances des corps de véhicules maritimes.

2-3. Assurance de responsabilité civile résultant de l'emploi des véhicules aériens et maritimes.

3/ Assurance contre l'incendie et les éléments naturels :

Tout dommage subi par les biens (autres que les biens compris dans les sous-catégories 1-2, 2-1 et 2-2) lorsqu'il est causé par l'incendie, la tempête ou tout autre élément naturel.

4/ Assurance Construction :

4-1. Assurance de la responsabilité civile des intervenants dans la construction.

4-2. Assurance des dommages aux ouvrages.

5/ Assurances d e responsabilité civile générale :

Toutes responsabilités civiles autres que celles mentionnées dans les sous catégories 1-1, 2-3 et 4-1.

6/ "Assurances des risques agricoles :

6-1 Assurance contre la grêle

6-2 Assurance contre la mortalité du bétail,

6-3 Assurance contre l'incendie des récoltes,

6-4 Assurance des cultures sous serres,

6-5 Assurance de la responsabilité civile de l'agriculteur autre que celles prévues dans les sous- catégories 1-1, 2-3, 4-1 et 5,

6-6 Assurance sur corps de navire de pêche".

7/ Assurances des autres dommages aux biens :

Tout dommage subi par les biens autres que ceux compris dans les catégories 1, 2, 3, 4 et 6

8/ Assurance Crédit et Assurance Caution :

8-1. Assurance des crédits à l'exportation

8-2. Assurances des autres crédits

8-3. Assurances Caution.

9/ Assurance-Assistance.

10/ Assurance protection juridique : Prise en charge des frais de procédure en défense ou en recours.

11/ Assurance contre les pertes pécuniaires diverses.

12/ Assurance de Groupe

13/ Assurance sur la vie et la capitalisation :

13-1. Assurance sur la vie :

Toute opération comportant des engagements dont l'exécution dépend de la durée de la vie humaine.

13-2. La capitalisation :

Toute opération d'appel à l'épargne en vue de la capitalisation et comportant en échange de versements uniques ou périodiques, des engagements déterminés quand à leur durée et à leur montant.

14/ Assurance contre les accidents du travail et les maladies professionnelles : (à titre principal ou complémentaire)

15/ Assurance contre les accidents corporels :

utres accidents que ceux mentionnés à la catégorie 14 y compris les accidents des personnes transportées.

16/ La réassurance :

Toute opération d'acceptation en réassurance pratiquée par les entreprises d'assurances dont l'activité s'étend à d'autres catégories d'assurances.

ANNEXE 2 :

Décision du ministre des finances du 08 Mai 2019 relative à la fixation du système "Bonus Malus" du tarif de l'assurance responsabilité civile des propriétaires des véhicules terrestres à moteur

Le ministre des finances,

Sur proposition du CGA,

Vu le Code des assurances tel que promulgué par la loi n° 92-24 du 9 mars 1992, et l'ensemble des textes qui l'ont modifié et complété et notamment ses articles 45 et 110;

Et la Circulaire du Ministre des Finances n ° 2/2007 du 10 mars 2007 relative à la fixation du système "Bonus Malus" du tarif de l'assurance responsabilité civile des propriétaires de véhicules terrestres à moteur et de tous ses avenants qui l'ont modifié et complété.

Décide ce qui suit:

Article premier:

Le système Bonus Malus s'applique sur la prime ou le droit d'adhésion hors taxe relatifs à la responsabilité civile résultant de l'utilisation de véhicules à moteur terrestres et ce pour toutes les utilisations, à l'exception des motocyclettes.

Article II :

Une Centrale des risques est créée au niveau du CGA en vue de collecter, traiter et archiv les données que les compagnies d'assurance sont tenues de lui transmettre conformément au conditions et modalités fixées par le CGA.

Article III:

Les sociétés d'assurance sont tenues d'appliquer le système « Bonus Malus», administré a niveau de la Centrale des risques, et ce conformément aux prescriptions de la présen décision.

Article IV:

Le niveau tarifaire de la prime est fixé selon les 02 échelles, les classes et les pourcentag suivants :

A- Échelle du système "Bonus Malus" appliqué à l'usage affaire:

Classe	% de la prime d'assurance ou du droit d'adhésion
11	350 %
10	300 %
09	250 %
08	200 %
07	160 %
06	140 %
05	120 %
04	100 %
03	90 %
02	80 %
01	70 %

B- Échelle du système "Bonus Malus" qui s'applique au reste des usages:

Classe	% de la prime d'assurance ou du droit d'adhésion
07	200 %
06	170 %
05	150 %
04	120 %
03	100 %
02	90 %
01	80 %

Article V :

Les assurés qui ne sont pas inscrits sur la centrale des risques sont classés dans la classe 8 de l'échelle applicable à l'usage personnel et dans la classe 5 de l'échelle appliquée aux autres usages

Article VI:

Pour l'application du système « Bonus Malus », une période de 12 mois consécutifs précédant deux mois l'échéance annuelle du contrat est prise en considération.

Article VII :

La transition entre les différentes classes de l'échelle du système « Bonus Malus » se fait comme suit :

- Descendre d'une classe à condition de ne pas commettre un sinistre pendant deux années consécutives,

- Monter d'une classe pour chaque sinistre ayant entraîné des dommages purement matériels.

- Monter de 02 classes pour chaque sinistre commis au cours de la même année et ayant occasionné des dommages corporels nonobstant il y'a eu des dommages matériels ou non et de 03 classes pour chaque sinistre supplémentaire ayant occasionné des dommages corporels nonobstant il y'a eu des dommages matériels ou non.

Article VIII:

Le système « Malus » s'applique à tous les sinistres dans lesquels la responsabilité de l'assuré est entièrement ou partiellement imputée.

Article IX :

En cas de changement de véhicule, l'assuré conserve le même classement dans l'échelle du système « Bonus Malus ».

Article X :

Les assurés classés dans les classes 01 à 07 conservent le même classement en cas de changement d'utilisation du véhicule de l'usage affaire à d'autres usages. Pour les assurés classés dans les sections 08 à 11, ils sont reclassés dans la classe 07.

Article XI:

Dans le cas où l'utilisation du véhicule est modifiée pour l'usage affaire, l'assuré conserve la même classe dans la nouvelle échelle.

Article XII:

Lorsque l'assuré demande à obtenir le relevé de son classement dans le système « Bonus Malus », les sociétés d'assurance et leurs intermédiaires agréés doivent fournir sans délai le document requis à partir de la Centrale des risques.

Article XIII:

Pour les contrats d'assurance d'une flotte automobile appartenant au même souscripteur du contrat d'assurance, il est appliqué à chacun des véhicules séparément le système « Bonus Malus » selon les règles suivantes:

- Dans le cas où un contrat d'assurance précédent n'a pas été souscrit, le premier véhicule est classé dans la classe 08 de l'échelle applicable à l'usage affaire ou 05 de l'échelle applicable au reste des usages et le classement des véhicules supplémentaires dans la classe 04 de l'échelle appliquée à l'usage affaire et 03 de l'échelle applicable au reste des usages ;.

- Dans le cas d'une souscription préalable d'un contrat d'assurance, chaque véhicule appartenant à la flotte est classé selon la classe déterminée par la centrale des risques et le classement des véhicules supplémentaires dans la classe 04 de l'échelle applicable à l'usage affaire et 03 de l'échelle applicable au reste des usages .

Article XIV:

L'assuré qui souscrit un contrat d'assurance temporaire de moins d'un an est classé dans la classe 08 de l'échelle appliquée à l'usage affaire et la classe 05 de l'échelle appliquée au reste des usages, sans transférer ces contrats à la Centrale des risques.

Article XV:

Cette décision abroge la circulaire n 2/2007 du ministre des Finances du 10 mars 2007 relative à la mise en place du système « Bonus Malus »du tarif de l'assurance responsabilité civile des propriétaires de véhicules terrestres à moteur et de tous ses avenants complémentaires.

Article XVI :

La présente décision ne s'applique pas aux contrats d'assurance en cours sauf au terme de leurs échéances annuelles.

Tunis le 08 mai 2019

Le Ministre des Finances

ANNEXE 3 :

République Tunisienne

Ministère des Finances

Comité Général des Assurances (CGA)

Circulaire n°1/2017 du 28 fevrier portant fixation du tarif de l'assurance de la responsabilité civile du fait de l'usage des véhicules terrestres à moteur

Références:

- L'aricles 45 du Code des assurances promulgué par la loi

n°92-24 du 9 mars 1992.

- La Loi n° 2005-86 du 15 août 2005 portant inserion d'un cinquième Titre au Code des assurances concernant l'assurance de la responsabilité civile du fait de l'usage des véhicules terrestres à moteur et au régime d'indemnisation des préjudices résultant des atteintes aux personnes dans les accidents de circulation.

- La Circulaire n° 1/ 2014 du 20 Octobre 2014 portant fixation du tarif de l'assurance de la responsabilité civile du fait de l'usage des véhicules terrestres à moteur.

Pièce Jointe: Un Tableau qui récapitule le nouveau tarif de l'assurance de la responsabilité civile du fait de l'usage des véhicules terrestres à moteur.

Article Premier:

Le tarif de l'assurance de la responsabilité civile du fait de l'usage des véhicules terrestres à moteur est révisé conformément au tableau ci-joint.

Article 2 :

Le Tarif comprend les primes d'assurance nettes des taxes.

Article 3 :

Le CGA fixe le montant que les sociétés d'assurance imputent sur les contrats d'assurance des véhicules terrestres à moteur au titre de frais de souscription des contrats. Ces frais sont intégrés dans les primes d'assurance obligatoire de la RC automobile, fixées par la présente circulaire.

Article 4 :

Il est interdit aux sociétés d'assurance de charger sur les contrats d'assurance de véhicules à moteur des frais à titre de coûts de contrats.

Article 5 :

Le nouveau tarif entre en vigueur à compter de la signature de la présente Circulaire et ne s'appliquera aux contrats d'assurance en cours qu'au termes de leurs échéances annuelles.

Article 6 :

La présente Circulaire annule et remplace la Circulaire n °1/2014 du 20 Octobre 2014 portant fixation du tarif de l'assurance de la responsabilité civile du fait de l'usage des véhicules terrestres à moteur.

Tunis le 28/02/2017

La ministre des finances

Barème des tarifs de l'assurance responsabilité civile pour les utilisateurs de véhicules terrestres avec moteur

1- L'Usage affaire:

En DT**Puissance fiscale du m**	**Tarif (Hors Taxes)**
02 Chevaux	49
De 3 à 4 chevaux	111
5 à 6 chevaux	191
De 7 à 10 chevaux	171
De 11 à 14 chevaux	221
15 chevaux et plus	269

2- Transport de marchandises pour son propre compte:

A- Véhicules dont le poids brut n'excède pas 3,5 Tonnes:

En DT**Puissance fiscale du m**	**Tarif (Hors Taxes)**
02 Chevaux	191
De 3 à 4 chevaux	171
5 à 6 chevaux	219
De 7 à 10 chevaux	262
De 11 à 14 chevaux	333
15 chevaux et plus	911

B- Véhicules dont le poids total dépasse 3,5 tonnes:

En DT

	Tarif (Hors Taxes)
Prime de base	257
Prime supplémentaire	21 pour chaque tonne supplémentaire dont l poids total dépasse 3,5 tonnes

3- Transport de marchandises pour des Tiers:

A- Véhicules dont le poids brut n'excède pas 3,5 tonnes:

(Appliquer le tarif relatif aux véhicules destinés au transport de marchandises pour son propre compte visé au point A)

B- Véhicules dont le poids total dépasse 3,5 tonnes:

En DT

	Tarif (Hors Taxes)
Prime de base	250
Prime supplémentaire	4 pour chaque tonne supplémentaire dont la charge utile dépasse 3,5 tonnes

4- Les usages agricoles:

A- Véhicules dont le poids brut n'excède pas 3,5 tonnes:

En DT

Puissance fiscale du moteur	**Tarif (Hors Taxes)**
02 Chevaux	39
De 3 à 4 chevaux	97
5 à 6 chevaux	122
De 7 à 10 chevaux	111
De 11 à 14 chevaux	193
15 chevaux et plus	232

B- Véhicules dont le poids total dépasse 3,5 tonnes: En DT	Tarif (Hors Taxes)
Prime de base	Le tarif relatif aux véhicules destinés à un usage agricole d'un poids brut n'excédant pas 3,5 tonnes
Prime supplémentaire	13 pour chaque tonne supplémentaire dont la charge utile dépasse 3,5 tonnes

5- Machines et tracteurs agricoles:

En DT

Type de Véhicule	Tarif (Hors Taxes)
Type I Avec roues en caoutchouc Avec chenilles	 92 31
Type II	117
Type III	
Avec roues en caoutchouc Avec chenilles	39 14
Type IV	177

6- Les 02 Roues:

En DT

	Tarif (Hors Taxes)
Inférieur ou égal à 125 CC	62
Supérieur à 125 CC	168

ANNEXE 4 :

ftusa
الجامعة التونسية لشركات التأمين
Fédération Tunisienne des Sociétés d'Assurances

ملحق عدد 5
يتعلق بتنقيح
إتفاق تعريفات الضمانات الاختيارية
لأصحاب العربات البرية ذات محرك

إن مؤسسات التأمين المنضمة إلى إتفاق تعريفات الضمانات الإختيارية لأصحاب العربات البرية ذات محرك المؤرخ في 18 جوان 2002 ،

بعد إطلاعها على إتفاق تعريفات الضمانات الإختيارية لأصحاب العربات البرية ذات محرك المبرم بين مؤسسات التأمين بتاريخ 18 جوان 2002 ، وعلى الملحق عدد 4 المؤرخ في 07 ديسمبر 2015؛

وعلى مراسلة الهيئة العامة للتأمين المؤرخة في 14 أفريل 2017 حول مواصلة تجسيم التوصيات الواردة بالدراسات القطاعية بخصوص التوازن الفني لفرع تأمين السيارات؛

إتفقت على ما يلي :

<u>الفصل الأول :</u>

تضاف إلى أحكام الفصل 2 من الإتفاق المؤرخ في 18 جوان 2002 المتعلق بتعريفات الضمانات الإختيارية لأصحاب العربات البرية ذات محرك فقرة ثانية هذا نصها:

الجامعة التونسية لشركات التأمين : 9 مكرر نهج دلهي الجديدة - 1002 تونس البلفيدير - الهاتف 590 905 71 (216+) الفاكس : 422 908 71 (216+)
Fédération Tunisienne des Sociétés d'Assurances 9 Bis, Rue de la Nouvelle Delhi - 1002 Tunis-Belvédère - Tunisie - Tél : (+216) 71 905 590 - Fax : (+216) 71 908 422
e-mail: ftusa@planet.tn - site web: www.ftusanet.org

الفصـــل 2 (فقرة 2 جديدة) :

إلا أنه يجب على مؤسسات التأمين منح تخفيض بنسبة 10 % من قيمة تعريفات ضماني السرقة والحريق المحدّدة بمقتضى هذا الإتفاق وذلك بالنسبة لتأمين الإستعمالات الموالية.

وينطبق هذا التخفيض على الأقساط الإضافية فقط لضماني السرقة والحريق وذلك كما يلي :

-1- الســـرقة (Vol):

* قســط أســاسي = 15,000 دينار

* قســط إضــافــي = ضرب قيمة السيارة في النسبة المحددة بالجدول التالي :

- نقل البضائع للحساب الخاص (العربات التي يتجاوز وزنها الجملي 3,5 طن). - نقل البضائع لحساب الغير (العربات التي يتجاوز وزنها الجملي 3,5 طن).	- الإستعمالات الفلاحية : (العربات التي لا يتجاوز وزنها الجملي 3,5 طن).	- الاستعمال الشخصي . - نقل البضائع للحساب الخاص (العربات التي لا يتجاوز وزنها الجملي 3,5 طن). - الاستعمالات الفلاحية (العربات التي يتجاوز وزنها الجملي 3,5 طن) والآلات والجرارات الفلاحية. - آلات الأشغال.
‰ 1,58	‰ 2,12	‰ 2,36

الجامعة التونسية لشركات التأمين : 9 مكرر نهج دلهي الجديدة - 1002 تونس البلفيدير - الهاتف : 590 905 71 (216+) الفاكس : 422 908 71 (216+)
Fédération Tunisienne des Sociétés d'Assurances 9 Bis, Rue de la Nouvelle Delhi - 1002 Tunis-Belvédère - Tunisie - Tél : (+216) 71 905 590 - Fax : (+216) 71 908 422
e-mail: ftusa@planet.tn - site web: www.ftusanet.org

-2- الحريــــق (Incendie)

* قسط أساسي = 10,000 دينار

* قسط إضافي = ضرب قيمة السيارة في النسبة المحددة بالجدول التالي :

الاستعمالات الفلاحية (العربات التي لا يتجاوز وزنها الجملي 3,5 طن).	الإستعمال الشخصي	نقل البضائع للحساب الخاص (العربات التي لا يتجاوز وزنها الجملي 3,5 طن). الإستعمالات الفلاحية (العربات التي يتجاوز وزنها الجملي 3,5 طن) والالات والجرارات الفلاحية آلات الأشغال الدراجات النارية.	- نقل البضائع للحساب الخاص (العربات التي يتجاوز وزنها الجملي 3,5 طن/	نقل البضائع لحساب الغير : (العربات التي يتجاوز وزنها الجملي 3,5 طن).
°/00 2,51	°/00 2,75	°/00 3,93	°/00 5,11	°/00 5,66

<u>الفصل 2 :</u>

يلغي هذا الإتفاق ويعوّض الملحق عدد 07 2015المتعلق بتنقيح إتفاق تعريفات الضمانات الإختيارية لأصحاب العربات البرية ذات محرك.

<u>الفصل 3 :</u>

يجري العمل بمقتضيات هذا الملحق إبتداء من يوم ...1.2.5...

تونس في...25../4/ 2017

الأسعد زروق	عبد المنعم القلسي	حسين الدّغري
ستار	أستري	COMPAGNIE D'ASSURANCES DE REASSURANCES TUNISO EUROPEENNE Lot C Centra Urbaln Nord g 71 El 1082 71.184.184TUNIS (+216) 71 905 590: •Â51mJl - (+216) 71 908 422

ANNEXE 5 :

إتـــفـــاق يـتـعـلـق
بتحديد تعريفات تأمين
الدراجات النارية ذات عجلتين المعدة للكراء
والدراجات النارية ذات ثلاث أو أربع عجلات المعدة
للإستعمال الشخصي أو الإستعمال السياحي أو الكراء

إتـفـقـت مؤسـسـات التأمين الممضية أسفلـه علـى ما يلـــي :

الفــصـــل الأول:

حددت تعريفات تأمين المسؤولية المدنية والضمانات الإختيارية لأصحاب الدراجات النارية ذات عجلتين المعدة للكراء والدراجات النارية (QUADS) ذات ثلاث أو أربع عجلات المعدة للإستعمال الشخصي والإستعمال السياحي والكراء بإعتبار الأداء على النحو التالـــي :

I. الدراجـات النـاريـة ذات عجـلتـيـن المـعـدة للـكـراء:

1. أقـل مــن 50 صم مكـعـب :

	القسط الصافي من الأداءات	الأداءات	الجملة
المسؤولية المدنية	128،250 د	15،390 د	143،640 د
كلفة العقد	19،250 د	2،310 د	21،560 د
الدفاع والرجوع	30،000 د	3،000 د	33،000 د
ص ح م س ج		0,300 د	0,300 د
ص و ح م		0,500 د	0,500 د
المجموع بإعتبار الأداءات	199،000 د		

. مـن 50 صـم مـكـعـب إلـى 125 صـم مـكـعـب :

	القسط الصافي من الأداءات	الأداءات	الجملة
المسؤولية المدنية	172،358 د	20،682 د	193،040 د
كلفة العقد	19،250 د	2،310 د	21،560 د
الدفاع والرجوع	30،000 د	3،000 د	33،000 د
ص ح م س ج		0,300 د	0,300 د
ص و ح م		0,500 د	0,500 د
المجموع بإعتبار الأداءات			248،400 د

. أكثر مـن 125 صـم مـكـعـب :

	القسط الصافي من الأداءات	الأداءات	الجملة
المسؤولية المدنية	260،250 د	31،230 د	291،480 د
كلفة العقد	19،250 د	2،310 د	21،560 د
الدفاع والرجوع	30،000 د	3،000 د	33،000 د
ص ح م س ج		0,300 د	0,300 د
ص و ح م		0,500 د	0,500 د
المجموع بإعتبار الأداءات			346،840 د

الجامعة التونسية لشركات التامين
2
ـة التونسية لشركات التأمين : 9 مكرر نهج دلهي الجديدة - 1002 تونس البلفيدير - الهاتف : 71.285.614 / 71.285.533 / 71.285.990 - الفاكس : 71.288.422 / 71.286.473
9 Bis Rue de la Nouvelle Delhi - 1002 Tunis-Belvédère - Tél. : 71.285.614 / 71.285.533 / 71.285.990 - Fax : 71.288.422 / 71.286.473 - E-mail : ftusa@pla
Site : www.ftusanet.com

II. الدراجات النارية (QUADS) ذات ثلاث أو أربع عجلات :

1. الدراجات التي لا تفوق سعتها 125 صم مكعب :

ا) الإستعمال الشخصي :

	القسط الصافي من الأداءات	الأداءات	الجملة
المسؤولية المدنية (1)	352،000 د	42،240 د	394،240 د
كلفة العقد	19،250 د	2،310 د	21،560 د
الدفاع والرجوع	30،000 د	3،000 د	33،000 د
ص ح م س ج		0،300 د	0،300 د
ص و ح م		0،500 د	0،500 د
المجموع باعتبار الأداءات	449،600 د		

1) القسط الإضافي عن كل مقعد (إبتداء من المقعد الثاني) : 12،000 د (تأمين المسؤولية المدنية) مع 1،440 د (أداءات).

ب) الإستعمال السياحي والكراء :

	القسط الصافي من الأداءات	الأداءات	الجملة
المسؤولية المدنية(1)	427,000 د	51،240 د	478،240 د
كلفة العقد	19،250 د	2،310 د	21،560 د
الدفاع والرجوع	30،000 د	3،000 د	33،000 د
ص ح م س ج		0،300 د	0،300 د
ص و ح م		0،500 د	0،500 د
المجموع باعتبار الأداءات	533،600 د		

(1) القسط الإضافي عن كل مقعد (إبتداء من المقعد الثاني) : 24،000 د (تأمين المسؤولية المدنية) مع 2،880 د (أداءات).

الجامعة التونسية لشركات التأمين
معة التونسية لشركات التأمين :9 مكرر نهج دلهي الجديدة – 1002 تونس البلفيدير- الهاتف : 71.285.990 / 71.285.533 / 71.285.614 - الفاكس : 71.286.473 / 71.288.422
9 Bis Rue de la Nouvelle Delhi - 1002 Tunis-Belvédère - Tél. : 71.285.614 / 71.285.533 / 71.285.990 - Fax : 71.288.422 / 71.286.473 - E-mail : ftusa@plan
Site : www.ftusanet.com

2. أكثر من 125 صم مكعب :

أ) الإستعمال الشخصي :

	القسط الصافي من الأداءات	الأداءات	الجملة
المسؤولية المدنية(1)	452،000 د	54،240 د	506،240 د
كلفة العقد	19،250 د	2،310 د	21،560 د
الدفاع والرجوع	30،000 د	3،000 د	33،000 د
ص ح م س ج		0,300 د	0,300 د
ص و ح م		0,500 د	0,500 د
المجموع بإعتبار الأداءات			561،600 د

(1) القسط الإضافي عن كل مقعد (إبتداء من المقعد الثاني) : 12،000 د (تأمين المسؤولية المدنية) مع 1،440 د (أداءات).

ب) الإستعمال السياحي والكراء :

	القسط الصافي من الأداءات	الأداءات	الجملة
المسؤولية المدنية(1)	552،000 د	66،240 د	618،240 د
كلفة العقد	19،250 د	2،310 د	21،560 د
الدفاع والرجوع	30،000 د	3،000 د	33،000 د
ص ح م س ج		0,300 د	0,300 د
ص و ح م		0,500 د	0,500 د
المجموع بإعتبار الأداءات			673،600 د

(1) القسط الإضافي عن كل مقعد (إبتداء من المقعد الثاني) : 24،000 د (تأمين المسؤولية المدنية) مع 2،880 د (أداءات).

الفصل 2 :

يمكن لمؤسسات التأمين ، وبطلب من المؤمن له ، تأمين الدراجات النارية(QUADS) ذات ثلاث أو أربع عجلات من الحريق مقابل التعريفة التالية :

- قسط أساسي = 10،000 دنانير.
- قسط إضافي = 5 ‰ من قيمة الدراجة النارية.

الجامعة التونسية لشركات التأمين
جامعة التونسية لشركات التأمين :9 مكرر نهج دلهي الجديدة - 1002 تونس البلفيدير - الهاتف : 71.285.990 / 71.285.533 / 71.285.614 - الفاكس : 71.286.473 / 71.288.422
9 Bis Rue de la Nouvelle Delhi - 1002 Tunis-Belvédère - Tél. : 71.285.614 / 71.285.533 / 71.285.990 - Fax : 71.288.422 / 71.286.473 - E-mail : ftusa@planet.t
Site : www.ftusanet.com

الفصـــل 3:

تلتزم مؤسسات التأمين الممضية أسفله بعدم منح أي تخفيض وبعدم إقرار أي زيادة على التعريفات المحددة بمقتضى هذا الإتفاق.

الفصـــل 4:

يجري العمل بمقتضيات هذا الإتفاق إبتداء مـــن ....

تونس في ......4 - جويلية 2008

عبد الكريم المرداسي — الحبيب ... — عبد الرحمان الفاطمي

رشيد بن جميع — لطفي بالزرقة — الأمجد بوخريص

تعاونية التأمين للتعليم — التأمين التعاوني الإتحاد

عبد العزيز ... — نور الدّين إسكندراني

منصـور النصـري — أسماء مذيوب

كتامـا — اللـويد التـونسي

التعاونية العامة للتأمين

الجامعة التونسية لشركات التأمين
جامعة التونسية لشركات التأمين : 9 مكرر نهج دلهي الجديدة - 1002 تونس البلفيدير - الهاتف : 71.285.614 / 71.285.533 / 71.285.990 : الفاكس : 71.288.422 / 71.286.473
9 Bis Rue de la Nouvelle Delhi - 1002 Tunis-Belvédère - Tél. : 71.285.614 / 71.285.533 / 71.285.990 - Fax : 71.288.422 / 71.286.473 - E-mail : ftusa@planet.
Site : www.ftusanet.com

Table des matières

Structures éditoriales du groupe L'Harmattan

L'Harmattan Italie
Via degli Artisti, 15
10124 Torino
harmattan.italia@gmail.com

L'Harmattan Hongrie
Kossuth l. u. 14-16.
1053 Budapest
harmattan@harmattan.hu

L'Harmattan Sénégal
10 VDN SICAP AMITIE 3
BP 45034 Dakar-Fann
direction@senharmattan.com

L'Harmattan Cameroun
Tsinga/Derrière polyclinique FECAFOOT
BP 11486 Yaoundé
Jacques.koukam@harmattan.fr

L'Harmattan Burkina Faso
Villa 281, secteur 23 623, rue 14.32
Ouagadougou
zagbie@outlook.fr

L'Harmattan Guinée
Almamya, rue KA 028 OKB Agency
BP 3470 Conakry
harmattanguinee@yahoo.fr

L'Harmattan RDC
185, avenue Nyangwe
Commune de Lingwala – Kinshasa
matangilamusadila@yahoo.fr

L'Harmattan Congo
219, avenue Nelson Mandela
BP 2874 Brazzaville
deunovmikhael@gmail.com

L'Harmattan Mali
Immeuble Mgr Jean Marie Cissé
Aci Hamadallaye
BP 145 Bamako
syllaka@yahoo.fr

L'Harmattan Togo
Djidjole – Maison Amela
face EPP BATOME
02 BP 20680 Lomé
didieramela11@gmail.com

L'Harmattan Côte d'Ivoire
Résidence Karl – Cité des Arts
Abidjan-Cocody
03 BP 1588 Abidjan
harmattan.ivoire@gmail.com

L'Harmattan Bénin
Rue 604, (Immeuble à l'entrée
de la rue UCAO- Cite de Saint-Jean)
Cotonou
stepcorpus@gmail.com

Nos librairies en France

Librairie internationale
16, rue des Écoles
75005 Paris
librairie.internationale@harmattan.fr
01 40 46 79 11
www.librairieharmattan.com

Librairie des savoirs
21, rue des Écoles
75005 Paris
librairie.sh@harmattan.fr
01 46 34 13 71
www.librairieharmattansh.com

www.ingramcontent.com/pod-product-compliance
Lightning Source LLC
LaVergne TN
LVHW011255061026
849535LV00005B/1270
* 9 7 8 2 3 3 6 4 8 2 7 7 4 *